Baedekers
BAMBERG

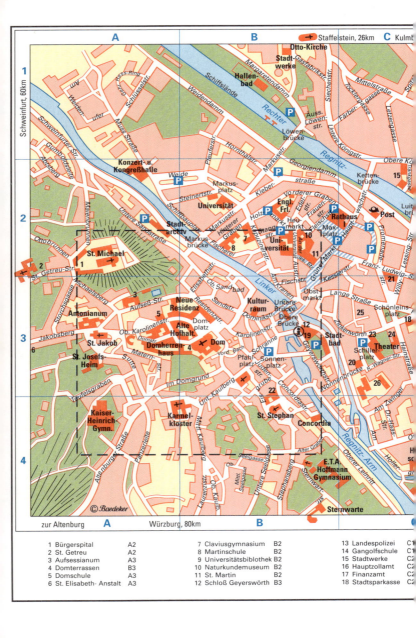

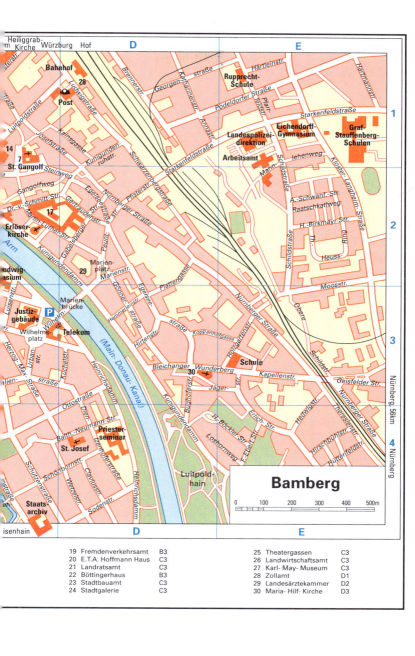

Baedekers
BAMBERG

STADTFÜHRER VON KARL BAEDEKER

Mit 7 Karten und Plänen
und 19 Zeichnungen

KARL BAEDEKER
VERLAG

STERNCHEN (*)
als Mittel zur Hervorhebung bedeutender Bau- und Kunstwerke,
Naturschönheiten, Aussichten
oder auch besonders guter Hotels und Restaurants
hat Karl Baedeker im Jahre 1844 eingeführt;
sie werden auch hier verwendet.
Besonders Beachtenswertes ist durch ein Sternchen (*),
einzigartige Sehenswürdigkeiten sind durch zwei Sterne (**) gekennzeichnet.

Karten und Pläne: Christoph Gallus, Hohberg
Zeichnungen: Gerhard Gronwold (†), Katja Ungerer, Elke Baedeker

Titelbild:
Altes Rathaus
(Emil Bauer)

© 1994 Karl Baedeker GmbH, Ostfildern-Kemnat und München
Druck: Druckhaus Langenscheidt KG, Berlin-Schöneberg
Printed in Germany
ISBN 3-87954-002-0

VORWORT

Tausend Jahre Baukunst prägen das Stadtbild der Kaiser- und Bischofsstadt an der Regnitz. Bambergs Altstadt ist ein denkmalgeschütztes Gesamtkunstwerk zwischen strenger Gotik und bürgerlichem Barock: Herausragend der Kaiserdom mit dem Bamberger Reiter, die Neue Residenz mit dem Rosengarten, die St.-Michaelskirche, die Alte Hofhaltung am Domplatz, das Alte Rathaus auf der Inselstadt und die malerischen Fischerhäuser von Klein-Venedig. Die Bamberger Symphoniker begründen den weltweiten Ruf Bambergs als Kunst- und Kulturstadt.

Karl Baedeker (1801–59), der Gründer des Verlages, hat Bamberg schon 1842 in seinem 'Reisehandbuch für Deutschland und den Österreichischen Kaiserstaate' beschrieben. 1966 widmete der Verlag erstmals dieser Stadt ein eigenes Bändchen. Seither ist die Beschreibung immer wieder aktualisiert und zuletzt von *Robert P. Hertwig* ergänzt worden.

Die vorliegende 9. Auflage bearbeitete *Joachim Hellmuth*. Bearbeiter und Herausgeber fanden in dankenswerter Weise Unterstützung beim Fremdenverkehrsamt Bamberg.

Alle Angaben wurden sorgfältig geprüft. Bitte schreiben Sie uns, wenn Sie ergänzende Anregungen oder Berichtigungen vorschlagen wollen: Verlag Karl Baedeker GmbH, Redaktion, Postfach 40 11 20, 80711 München.

Karl Baedeker Verlag

INHALT

PRAKTISCHE ANGABEN VON A–Z   9

GESCHICHTE UND GEGENWART
Lage und Stadtbild. Verkehrslage. Klima 18
Wirtschaftsleben. Kulturelles Leben 20
Stadtgeschichte 22
Kunstgeschichte 26

STADTBESCHREIBUNG
Stadtbesichtigung 1: Die Bischofsstadt 29
Stadtbesichtigung 2: Die Bürgerstadt (Inselstadt) 44
Stadtbesichtigung 3: Die Altenburg 49
Stadtbesichtigung 4: Theuerstadt, Bahngebiet,
                     Gartenstadt 50

UMGEBUNG
Schloß Seehof. Schesslitz. Staffelstein. Staffelberg.
Wallfahrtskirche Vierzehnheiligen. Kloster Banz. Schloß
Weißenstein. Kloster Ebrach 53

KARTEN UND PLÄNE
Stadtplan .... 2/3   Neue Residenz 37
Bischofsstadt 29   Vierzehnheiligen 55
Dom 32   Kloster Banz 57

PRAKTISCHE ANGABEN VON A–Z

An- und Abreise
PKW-Anreise: Aus westlicher Richtung erreichen Autofahrer Bamberg über die A 3 (Frankfurt–Passau) bzw. die A 70 (Schweinfurt–Bamberg) oder aus Süden über die A 73, den 'Frankenschnellweg', und über die B 505.
Nächstgelegener Übergang zur Tschechischen Republik: Schirnding (ca. 85 km östlich).
Bahnreise: Bamberg ist IC-Haltestelle an der Strecke München–Berlin und Station an der D-Zug-Strecke Stuttgart–Hof mit guten Anschlußverbindungen zu den ICE-Stationen Nürnberg und Würzburg.
Flugplatz: Der nächstgelegene Verkehrsflughafen ist Nürnberg (ca. 60 km).

Antiquitäten (Auswahl)
Härtl, Karolinenstr. 9, Tel. 5 54 87; *Murr* (Antiquariat), Karolinenstr. 4, Tel. 5 77 28; *Senger,* Karolinenstr. 8–10, Tel. 5 40 30.

Ausflugsgaststätten
Altenburg, Im Burghof, Tel. 5 68 28; *Café Bug-Lieb,* Am Regnitzufer 23, Tel. 5 60 78; *Domterrassen,* Unterer Kaulberg 36 (Blick auf Domgärten), Tel. 5 68 22; *Greifenklau,* Laurenziplatz 20 (mit Biergarten), Tel. 5 32 19; *Heerlein,* Wildensorger Hauptstr. 57 (mit Biergarten), Tel. 5 31 37; *Höhn,* Memmelsdorfer Hauptstraße 11, Tel. 4 10 65.

Auskunft
Städtisches Fremdenverkehrsamt, Geyerswörthstr. 3, Postfach 12 01 63, 96033 Bamberg, Tel. 09 51/87 11 61, Fax 87 19 60, Zimmernachweis und -vermittlung, Prospektdienst, Stadtführungen, Vermittlung von Ausflugsfahrten etc. Öffnungszeiten: Mo–Fr 9–18, April–Sept. 9–19, Sa 9–14, April–Sept. 9–17 Uhr.
Fremdenverkehsverband Franken e.V., Am Plärrer 14, 90429 Nürnberg, Tel. 09 11/26 42 02.
Automobilclubs: ADAC-Geschäftsstelle, Schützenstr. 4 a, Tel. 2 10 77; AvD: Heinrichsdamm 1, Tel. 20 00 51.
Bundesbahn-Reiseauskunft: Am Bahnhof, Tel. 1 94 19; Sammelruf Bundesbahn (außer Reiseauskunft): 83 21.
Veranstaltungsprogramm: Monatlicher Veranstaltungskalender „Bamberger Notizen", Veranstaltungsübersicht Sept.–Aug. und

PRAKTISCHE ANGABEN VON A–Z

Veranstaltungsprogramm Bamberger Sommer, herausgegeben vom Städtischen Fremdenverkehrsamt.

Autohilfe
ADAC-Notruf, Tel. 0 13 08/1 92 11.

Autovermietung
Gutkowski & Pfänder, Geisfelder Str. 14a, Tel. 13 13 33; *Europcar interRent*, Hafenstr. 18, Tel. 6 49 73.

Bäder
Hallenbad: Margaretendamm 5.
Freibäder: Stadionbad, Pödeldorfer Str. 176, Stadtbad im Stadtteil Gaustadt, Badstr. 17.

Banken
Bayerische Hypotheken- und Wechselbank, Grüner Markt 5; *Bayerische Vereinsbank*, Lange Str. 48; *Commerzbank*, Lange Str. 19; *Deutsche Bank*, Lange Str. 37a; *Dresdner Bank*, Willy-Lessing-Str. 20; *Landeszentralbank*, Richard-Wagner-Str. 4; *Raiffeisenbank Bamberg*, Friedrichstr. 19; *Volksbank*, Grüner Markt 16; *Kreissparkasse*, Lange Str. 27–29; *Stadtsparkasse*, Schönleinplatz 1.

Behörden
Stadtverwaltung, Maxplatz, Tel. 870.

Bibliotheken und Archive
Staatsbibliothek, Domplatz 8 (Neue Residenz), Tel. 5 40 14/16; *Stadtbücherei*, Friedrichstr. 2, Tel. 2 82 21; *Staatsarchiv*, Hainstr. 39, Tel. 2 68 61; *Stadtarchiv*, Untere Sandstr. 30, Tel. 87 13 71.

Bücher und Karten über Bamberg
Bildbände: *Heckel/Bauer*, Bamberg, Geschenk eines Jahrtausends; *Kohn/Neubauer*, Bamberg; *Ritz/Bauer*, Das Antlitz Bambergs; *v. Reitzenstein*, Bamberg.
Stadt- und Kunstführer: *Bauer*, Bamberger Rundwege; *Beck*, Kleiner Führer durch Bambergs Schönheit; *Baumgärtel-Fleischmann*, Diözesanmuseum Bamberg; *Dengler-Schreiber*, Bamberg für alte und neue Freunde; *Haas/Limmer*, Der Bamberger Dom; HB-Kunstführer Bamberg/Fränkische Schweiz; *MERIAN* Bamberg, Fränk. Schweiz; *Krischker*, Ich habe Bamberg liebgewonnen; *Mader/Dengler-Schreiber*, Bamberg – Bilder einer Stadt; *Mayer*, Bamberg als Kunststadt; *Müller*, Der Bamberger Karmeliten-Kreuzgang; *Schramm*, Das Böttingerhaus in Bamberg;

Steinert/Limmer, Der Bamberger Dom; *Suckale* u. a., Bamberg; *Winterfeld*, Geschichte und Kunst des Bamberger Domes.
Volkstum: *Krischker*, Bamberger Sagen und Legenden.
Karten: *Bollmann-Bildkarten-Verlag*, Bamberg (1:10000); *Falk-Verlag*, Falkplan Bamberg Extra (1:15000); *Frisch Verlag*, Stadtplan Bamberg (1:10000) und Wanderkarte Bamberg–Forchheim (1:50000); *Städte-Verlag*, Stadtplan Bamberg (1:10000) und Kreis- und Freizeitkarte Bamberg (1:75000).

Cafés (Auswahl)
Am Dom, Ringleinsgasse 2; *Beckstein*, Lange Str. 9; *Bergschlößchen*, Am Bundleshof 2; *Graupner*, Lange Str. 5; *Im Domherrenhof*, Karolinenstr. 24; *Marktbeck*, Grüner Markt 29 und Austr. 35; *Riffelmacher*, Obere Brücke 12; *Rosengarten*, Neue Residenz (Mai–Okt.); *Villa Remeis*, St. Getreustr. 13.

Campingplätze
Campingplatz *Insel* (200 Stellplätze) im Stadtteil Bug, 4 km südlich der Stadtmitte.

Essen und Trinken
Das dunkle *Rauchbier* gehört zu Bamberg wie der Domreiter. Seinen gewöhnungsbedürftigen Geschmack erhält es von der im Rauch eines Buchenholzfeuers getrockneten Braugerste. In den Gaststätten 'Spezial' (seit 1536) und dem berühmten 'Schlenkerla' (seit 1678) schenkt man es im 'Seidla' ($\frac{1}{2}$ Liter) aus. Insgesamt über 40 Biersorten aus zehn Privatbrauereien zeigen, wieviel Geschmack diese Stadt der Biere entwickelt hat. Dazu reicht die traditionelle Küche *Wurstplatten* mit Kümmel-, Salz- und Dosenfleisch, rotem und weißem Pressack, Blut- und Leberwürsten, Schinken und vor allem *Schweinsbratwürste*. Es gibt sie entweder gebraten, gegrillt oder als *'Blaue Zipfel'* zu Sauerkraut und Brot in einem Sud aus Zwiebeln, Essig, Lorbeer- und Wacholderblättern, Nelken und Pfefferkörnern. Zu den Brotzeitspezialitäten zählt aber auch der *'Gerupfte'* (mit Quark, Zwiebeln, Salz und Pfeffer verfeinerter Camembert) und der *'Ziebeleskäs'* (Quark mit Zwiebeln, Schnittlauch, Salz und Pfeffer) und natürlich frisch geerntete Zutaten aus der Gärtnerstadt Bamberg: Rettiche und Radieschen. Das ideale Ambiente zur 'Brotzeit' findet man im Sommer *'auf dem Keller'*. In diesen schattigen Biergärten (am Stephansberg) darf man noch getrost den eigenen Picknickkorb auspacken.
Für den Teig der zarten *'Bamberger Hörnla'* darf als Zutat nur Butter verwendet werden; eine Variante in Form eines geflochtenen Zopfes kursiert als *'Seelspitze'*. Geschmacksreich ist auch die hiesige Form des *Krapfen*, die wegen ihrer Größe auch 'Ausge-

zogene' oder 'Hutkrapfen' genannt werden: Nur der hauchdünn ausgezogene Teig wird – in schwimmendem Fett gebacken – richtig 'rösch' (knusprig). Die *geschnittenen Hasen* (geritzte Mürbeteigstücke) erhalten ihre Zufallsformen ebenfalls im heißen Fett.
Der herbe *Frankenwein* besitzt einen hohen Gehalt an natürlicher Fruchtsäure und ist daher auch für Diabetiker geeignet.

Fahrradverleih
Bahnhof (beim Expreßgut), Tel. 83 23 52; W. Bredt, Getraudenstr. 10, Tel. 2 30 12; Dratz Fahrräder, Pödeldorfer Str. 190, Tel. 1 24 28.

Fundbüro
Im Rathaus am Maximiliansplatz, Tel. 8 73 10, Mo–Fr 9–12 Uhr. Fundstelle im Bahnhof, Ludwigstr. 6, Tel. 83 23 52.

Galerien (Auswahl)
Galerie am Alten Rathaus, Obere Brücke 5; Galerie am Stephansberg, Unterer Stephansberg 5; Kunstgalerien Böttingerhaus, Judenstr. 14; Stadtgalerie (Villa Dessauer), Hainstr. 4 a.

Hotels und Pensionen
In Bamberg stehen rund 40 Hotels und Pensionen mit ungefähr 1800 Betten zur Verfügung. Die hochgestellte Ziffer hinter dem Hotelnamen bezeichnet die Preiskategorie: Hotel [1] über 90 DM, Hotel[2] 50 bis 90 DM; jeweils für ein Einzelzimmer incl. Frühstück und MwSt.
Alt-Ringlein[1], Dominikanerstr. 9, Tel. 5 40 98, 105 B.; *Arcade*[1], Theatergassen 10, Tel. 20 01 60, 100 B.; *Bamberger Hof-Bellevue*[1], Schönleinsplatz 4, Tel. 9 85 50, 92 B.; *Brudermühle*[1], Schranne 1, Tel. 5 40 91, 28 B.; *Residenzschloß*[1], Untere Sandstr. 32, Tel. 6 09 10, 300 B.; *Main-Franken*[1], An der Breitenau 2, Tel. 3 09 20, 155 B.; *National*[1], Luitpoldstr. 37, Tel. 2 41 12, 72 B.; *St. Nepomuk*[1], Obere Mühlbrücke 9, Tel. 2 51 83, 100 B. (alte Mühle); *Weierich*[1] Lugbank 5, Tel. 5 40 04, 45 B.
Alt Bamberg[2] (garni), Habergasse 11, Tel. 2 52 66-67, 33 B.; *Alte Post*[2], Heiliggrabstr. 1, Tel. 2 78 48, 70 B.; *Altenburgblick*[2] (garni), Panzerleite 59, Tel. 5 40 23, 60 B.; *Barock-Hotel am Dom*[2] (garni), Vorderer Bach 4, Tel. 5 40 31, 36 B. (restauriertes Haus von 1750); *Graupner*[2] (garni), Lange Str. 5 und Kapellenstr. 21a, Tel. 98 04 00, 56 B.; *Messerschmitt*[1/2], Lange Str. 41, Tel. 2 78 66, 23 B.; *Münzmeister*[2] (garni), Ludwigstr. 31, Tel. 20 00 18, 70 B.
Weiterhin gibt es einfachere Pensionen und Gasthöfe mit Preisen unter 50 DM sowie Ferienwohnungen.

Jahreskalender

Februar	Fastnachtsdienstag: Honigmarkt auf dem Maximiliansplatz
März	Mittfastenmarkt (Markt für Holz- und Korbwaren, Sämereien und landwirtschaftliche Artikel) auf dem Maximiliansplatz und Grünen Markt
April	Gründonnerstag: Fischmarkt
Mai	Frühjahrsmarkt
Juni/Juli	Calderón-Freilichtspiele im Innenraum der Alten Hofhaltung
	Rosengartenserenaden
Juli	Altstadtfest der Universität
	Bamberger Biertage
August	Sand-Kirchweih
Dezember	Krippenrundweg und Krippenausstellungen
	Weihnachtsmarkt
	23./24. und 31. Fischmarkt

Jugendherberge
Wolfsschlucht, Oberer Leinritt 70, Tel. 5 60 02, 94 B.

Kartenvorverkauf
Konzerte und sonstige Veranstaltungen: Bamberger Veranstaltungsdienst, Lange Str. 22, Tel. 2 52 55, und Bamberger Veranstaltungsservice, Untere Königstr. 37, Tel. 2 38 37.
Für Konzerte der Bamberger Symphoniker Kartenbestellung auch schriftlich an: Bamberger Symphoniker, Mußstr. 1, 96047 Bamberg.
→ Theater.

Kinder
Karl-May-Museum → S. 48
Rollschuhbahn: Viktor-v. Scheffel-Str., Tel. 2 23 12.
→ Sport

Kirchliche Institutionen und Glaubensgemeinschaften
Erzbischöfliches Ordinariat, Domplatz 3, Tel. 50 20.
Evangelisch-Lutherische Kirchenbehörde, Dekanat, Eisgrube 16, Tel. 5 66 35.
Evangelisch-Freikirchliche Gemeinde (Baptisten), Bischberg, Tel. 6 33 71.

Konzerte
Orchester- und Kammermusikabende der *Bamberger Symphoniker* finden in der neuen Konzert- und Kongreßhalle, im Schloß

Seehof und im großen Saal der Kreissparkasse statt. Das *Collegium Musicum* musiziert im Kaisersaal der Neuen Residenz. Geistliche und weltliche Werke der Renaissance und des Barock werden vom *Ensemble Musica Canterey* Bamberg in Kirchen und im Kaisersaal der Neuen Residenz aufgeführt. Musik des Mittelalters und der Renaissance spielt die *Capella Antiqua Bambergensis* in diversen historischen Gebäuden der Stadt. Das *Fränkische Konzertorchester* spielt Opern-, Operetten- und Unterhaltungsmusik im Zentralsaal.

Im Dom finden von Mai bis Oktober samstags von 12–12.30 Uhr *Orgelkonzerte* statt. Auch abendliche Kirchen- und Orgelkonzerte mit dem Domchor und den Bamberger Symphonikern werden hier gegeben. In den Kirchen St. Martin und St. Stephan gibt es *geistliche Konzerte,* in St. Stephan auch *Oratorienaufführungen.*

Märkte
Der tägliche *Obst- und Gemüsemarkt* wird auf dem Maxplatz, ein *Blumenmarkt* vor der Kirche St. Martin am Grünen Markt abgehalten; Frühjahrs- und Herbstmärkte auf dem Maxplatz.

Notfälle
Polizei Tel. 1 10; Feuer Tel. 1 12; Rettungsdienst – Erste Hilfe, Apotheken-Notdienst, Ärztlicher Notdienst, Tel. 1 92 22; Caritas-Sozialstationen Tel. 2 31 25, 3 29 09; Klinikum, Buger Str. 80, Tel. 5 03-0.

Öffnungszeiten
Diözesanmuseum (S. 35), Domplatz 5, Tel. 5 02-3 16. Di–So 10–17 Uhr. Sammlung byzantinischer und romanischer Textilien, romanische Figuren der Adamspforte, gotische Teppichwebereien, Plastiken, Glasmalereien, kirchliches Barock der Schönbornzeit u. a. Führungen: 11 und 15 Uhr.
Dom (S. 30), geöffnet tägl. ab 9.30 Uhr. Die Schließungszeiten divergieren nach Jahreszeit und von Jahr zu Jahr: im Sommer Schließung um 18 Uhr, im Winter um 16 Uhr. Keine Besichtigung während der Gottesdienste und am 29. und 30. Juni.
Dominikaner-Kreuzgang (S. 43), Dominikanerstr., Mo–Fr 8.30–11.30 und 14.30–17.30 Uhr.
Dr.-Remeis-Sternwarte, Astronomisches Institut der Universität Erlangen-Nürnberg, Sternwartstr. 7, Tel. 95 22 20. Besichtigung nach Vereinbarung (nur Gruppen).
E. T. A.-Hoffmann-Haus (S. 47), Schillerplatz 26, Tel. 87 11 42. Mai bis Okt. Di–Fr 16–18, Sa und So 10–12 Uhr. Wohnhaus des Dichters mit Sammlungen und Wohnstube.

PRAKTISCHE ANGABEN VON A–Z 15

Fränkisches Brauereimuseum (S. 40), Michaelsberg 10f, Tel. 5 30 16. April bis Okt. Do–So 13–16 Uhr. Führung ab 20 Personen nach telefonischer Voranmeldung.
Gärtner- und Häckermuseum (S. 51), Mittelstr. 34, Tel. 2 64 01 oder 8 72 95. Mai bis Okt. Mi und So 14–17 Uhr. Altes Gärtnerhaus im Stil der Jahrhundertwende. Demonstration von Brauchtum und Handwerk der Bamberger Gärtner und Häcker.
Historisches Museum (S. 36), Domplatz 7, Tel. 87 11 42. Mai bis Okt. 9–17 Uhr, 27. Nov. bis 30. April Di–So 9–17 Uhr. Kunst- und kulturhistorische Sammlung zur Geschichte von Bamberg und Oberfranken.
Karl-May-Museum (S. 48), Hainstr. 11, Tel. 2 22 62. Mi 14–17, Do–Sa 9–12 und 14–17, So 9–13 Uhr. Dokumentation über Leben und Werk des Schriftstellers.
Missionsmuseum Bug (S. 48), Schloßstr. 30, Tel. 5 62 14. So 14–17 Uhr. Christliche Kultur in Indien und Südamerika.
Naturkundemuseum (S. 46), Fleischstr. 2, Tel. 8 63-12 48. Di–So 10–16 Uhr. In den neu gestalteten Räumen Sammlungen zu Zoologie, Paläontologie, Geologie und Mineralogie.
Neue Residenz (S. 36), Domplatz 8, Tel. 5 63 51. April bis Sept. tägl. 9–12 und 13.30–17; Okt. bis März tägl. 9–12 und 13.30–16 Uhr. Prunkräume der Bamberger Fürstbischöfe, altdeutsche und barocke Galerie, wechselnde Kunstausstellungen u. a.
Staatsarchiv (S. 48), Hainstr. 39, Tel. 2 68 61. Mo, Di, Do 8–16, Mi 8–20, Fr 8–13.30 Uhr.
Staatsbibliothek (S. 38), Domplatz 8, Tel. 5 40 14. Mo–Fr 9–17, Sa 9–12, im August Mo–Fr 9–12 Uhr.
Stadtarchiv, Untere Sandstr. 30a, Tel. 87 13 71. Mo–Fr 8–16, Do 8–20, Fr 8–14.30 Uhr.

Parken
Tiefgaragen: Geyerswörth, Maximiliansplatz, Untere Sandstr. (Hotel Residenzschloß), Parkhaus Schützenstr., Parkhaus Ludwigstr.
Park and Ride: Alter Plärrer (Heinrichsdamm), Neuer Plärrer (An der Breitenau).
Parkplätze: Georgendamm, Heumarkt, Laurenziplatz, Markusplatz, Promenade, Promenadenstr., Schillerplatz, Schranne, Theuerstadt, Weide, Weidendamm, Wilhelmsplatz.
Weitere Parkmöglichkeiten: Hainstr., Jakobsberg, Lange Str.

Post
Hauptpostamt, Ludwigstr. 25 (am Bahnhof), Tel. 83 61. Mo–Fr 7–19, Sa 7–14, So 11–13 Uhr.
Telefonvorwahl 09 51.

Restaurants (Auswahl)
Alt-Ringlein, Dominikanerstr. 9, Tel. 5 21 66; *Lukullus*, Obere Sandstr. 34, Tel. 5 66 65, 5 67 65; *Messerschmitt*, Lange Str. 41, Tel. 2 78 66; *Würzburger Weinstuben*, Zinkenwörth 6, Tel. 2 26 67; *Zum Sternla*, Lange Str. 46, Tel. 2 87 50.
Bierkeller (nur im Sommer geöffnet): *Mahrs-Bräu-Keller*, Oberer Stephansberg 36, Tel. 5 34 86; *Spezial-Keller*, Oberer Stephansberg 47, Tel. 5 48 87; *Wilde Rose Bräu-Keller*, Oberer Stephansberg 49, Tel. 5 76 91.
Brauereigaststätten mit fränkischer Küche: *Fässla*, Obere Königstr. 21, Tel. 2 29 98, 2 65 16; *Greifenklau*, Laurenziplatz 20, Tel. 5 32 19 (mit Biergarten); *Griesgarten*, Untere Sandstr. 19, Tel. 5 67 54; *Polarbär*, Judenstr. 7, Tel. 5 36 01 (mit Biergarten); *Schlenkerla*, Dominikanerstr. 6, Tel. 5 60 60; *Spezial*, Obere Königstr. 10, Tel. 2 43 04; *Zum Englischen Garten*, Schweinfurter Str. 1, Tel. 6 14 70; *Kaiserdom*, Gaustadter Hauptstr. 26, Tel. 96 51 40.
Chinesisch: *Hang-Fok*, Schützenstr. 2a, Tel. 2 38 31; *Ni Hao*, Ludwigstr. 2 (im Atrium), Tel. 2 58 85.
Griechisch: *Delphi*, Siechenstr. 47, Tel. 6 67 70; *Korfu*, Austr. 35, Tel. 2 60 00; *Mykonos*, Ludwigstr. 31, Tel. 2 45 80; *Poseidon*, Habergasse 11, Tel. 2 54 22.
Italienisch: *Bassanese*, Obere Sandstr. 32, Tel. 5 75 51; *Egelsee*, Egelseestr. 31, Tel. 2 82 43, 2 21 67; *Justiz*, Friedrichstr. 21, Tel. 2 74 64; *La Tavernetta*, Hallstadter Str. 81, Tel. 6 14 97; *San Remo*, Memmelsdorfer Str. 2d, Tel. 6 12 89, 6 38 84.

Schiffahrt
Schiffsausflüge auf der Regnitz: Auskunft *Personen-Schiffahrt Kropf*, Kapuzinerstr. 5, Tel. 2 66 79.
Schiffsausflüge auf Regnitz und Main: *Fränkische Personen-Schiffahrt*, Postfach 408, 97301 Kitzingen a. M., Tel. 0 93 21/ 91 81 11. Vorverkauf: Bamberger Veranstaltungsdienst, Lange Str. 22, Tel. 09 51/2 52 55.

Sport
Sportstadion (30 000 Plätze) mit 400 m Rundbahn, Leichtathletikanlagen, Rasensportplätzen, Rollschuh- und Kegelbahnen, Tennisplätzen, Schießständen etc.
Flugsport: Aero-Club Bamberg, Zeppelinstr. 18, Tel. 4 87 18.
Golf: Gut Leimershof, ca. 18 km nordöstl., 18 Löcher.
Kanu- und Ruder-Regattastrecke auf dem Main-Donau-Kanal, Kanu-Slalom-Strecke 'Rund um das Alte Rathaus'.
Minigolf: Hainstr., im Stadtteil Bug, im Theresienhain.
Reiten: Reitschule in Gaustadt mit zwei Reit- und Springplätzen

sowie Ausreitmöglichkeiten, Tel. 6 29 66; Reit- und Fahrverein Bamberg, Tel. 1 62 30.
Schwimmen: → Bäder
Waldsportpfade: im Hauptsmoorwald (Ecke Moos-/Armeestr., 2,8 km), Bruderwald (Buger Str., Parkplatz am Waldrand, 2,2 km), Michelsbergerwald (am Waldrand neben dem Sportzentrum im Stadtteil Gaustadt, 2,2 km) und Hain (südlicher Teil des Theresienhaines, Nähe Hainweiher, 2 km), jeweils mit 20 Übungsstationen.

Stadtführungen
Tägl. außer sonn- und feiertags um 14 Uhr. Anmeldung und Karten beim Fremdenverkehrsamt (S. 9). Angeboten werden auch thematische Führungen, für Gruppen schriftliche Voranmeldung.

Taxis
Wichtigste Standorte: Bahnhof, Promenadenstr., und Grüner Markt (ab 19 Uhr).
Sammel-Rufnummern Tel. 1 50 15, 2 21 01 und 3 45 45; Taxi-Lotsen-Dienst Tel. 1 50 18.

Theater
E. T. A. Hoffmann-Theater (Schauspiel, Oper, Operette; im Juni und Juli Freilichtaufführungen in der Alten Hofhaltung), Schillerplatz 3–7. Vorverkauf: Theaterkasse, Tel. 87 14 33 (Di 9–11, Mi–Fr 11–13, Sa 10–13 und Mi 16–18 Uhr).
Marionettentheater Loose, Untere Sandstr. 30, Tel. 6 76 00.
STUDIO, Markusplatz 12, Tel. 87 14 28.

Verkehr
20 städtische Omnibuslinien verkehren innerhalb des Stadtgebietes. *Telefonische Fahrplanauskunft* Tel. 7 71. Ein zentraler Omnibus-Bahnhof (ZOB) befindet sich an der Promenade. Bahn- und Postbusverbindungen gibt es nach Bayreuth, Coburg, Ebrach, Würzburg und Pommersfelden.

Zeitungen
Fränkischer Tag, Gutenbergstr. 1, Tel. 1 88-0, erscheint Mo–Sa; *Fränkischer Merkur,* Mittlerer Kaulberg 15, Tel. 5 79 09, erscheint 14tägig; *Bamberger Wochenblatt,* Siechenstr. 30.

GESCHICHTE UND GEGENWART

Das **Stadtwappen** ähnelt dem ersten, 1279 beglaubigten Bamberger Stadtsiegel. Es zeigt in Rot den stehenden Stadtritter St. Georg in silberner Rüstung mit einem roten Kreuz auf der Brust und einem silbernen Langschwert am Gürtel. In der Rechten hält er eine Lanze mit silbernem Fähnlein, das von einem roten Kreuz geziert wird. Seine Linke stützt sich auf einen blauen Schild mit dem silbernen Adler der Grafen von Andechs-Meranien.

Der Name der Stadt Bamberg wird aus dem Namen jener Burg der Babenberger Grafen abgeleitet, die sich — 902 erstmals urkundlich erwähnt — etwa am Platz des jetzigen Kaiserdoms erhob. Grabungswissenschaftler des Bayerischen Landesamts für Denkmalpflege entdeckten hinter dem Westchor des Doms mächtige Mauern und Fundamente, auf denen jenes Castrum Babenberch ruhte, dessen Herren im blutigen Streit um die Macht gegen die Konradiner in Ostfranken 906 unterlagen.

Städtepartnerschaften. Bambergs Patenstädte sind Troppau, Hallstadt und Baunach, Partnerstädte sind Villach (Österreich), Rodez (Frankreich), Bedford (Großbritannien), Esztergom (Ungarn) und Prag, Stadtbezirk 1 (Tschechische Republik).

Lage. Bamberg, die größte Stadt Oberfrankens, erstreckt sich über die fruchtbare Talaue der Regnitz, kurz vor deren Mündung in den Main, der 7 km nördlich in einer breiten Ebene vorbeifließt. Verlagerungen von Flüssen und Bächen, wesentlich hervorgerufen durch die Flußumkehr des Mains zwischen Tertiär und Diluvium, wurden um das 12. Jh. zum westlichen Hauptfluß zusammengeführt. Auf diese Weise war der Erhalt der Mühlen und der Fischerei gesichert. So konnte zugleich auch ein unverwechselbares Stadtbild entstehen: Eine große Stadtinsel und dazu mehrere kleinere Stadtinseln, wie Mühlwörth und Geyerswörth, früher noch Zinkenwörth und Abtswörth. Die Altstadt ist wie Rom auf sieben Hügeln erbaut; sie überzieht Höhenlagen zwischen 231 und 386 m über NN.

Stadtbild. Links der zweiarmigen Regnitz liegt als ältester Teil die Bischofsstadt, überragt von dem weltberühmten Kaiserdom.

Diese Bergstadt auf sieben Hügeln umfaßt Dom-, Michaels-, Abts-, Jakobs-, Stephans-, Kaulberg und Altenburg. Das bürgerliche Bamberg, die eigentliche Stadt, nimmt als Talstadt die schmale Uferterrasse des 'Sandviertels' zwischen Domberg und Fluß sowie die 'Inselstadt' zwischen den beiden Armen der Regnitz ein.
Unter den Stadtteilen des östlichen Bahngebiets erinnert die Theuerstadt rund um St. Gangolf an eine frühe Siedlung an der karolingischen Nordsüdstraße, einem der bedeutendsten Verkehrswege des alten Reiches.
Jenseits der Bahn ist Bamberg-Ost mit der Gartenstadt weit in den Hauptsmoorwald hineingewachsen; Gaustadt im Westen, Wildensorg im Südwesten und Bug an der Regnitz wurden 1972 eingemeindet.

Klima. Im Talkessel der Regnitz sind warme Sommer die Regel. So werden im Juli Durchschnittstemperaturen um 18°C gemessen; die mittlere Jahrestemperatur liegt um 8°C. Im Trockengebiet um Bamberg betragen die jährlichen Niederschlagsmengen nur etwa 600 mm. Darum wurde der Bau einer Fernwasser-Versorgungsleitung aus dem Frankenwald notwendig. Die Zahl der Sommertage mit Temperaturen um 15°C liegt um 90, rund 30 Sommertage bewegen sich über der 25-Grad-Marke. Schnee gibt es allgemein an höchstens 20 Wintertagen. Mit dem Beginn des Frühlings kann man jeweils ab Ende April rechnen.

Politische Gliederung und Verwaltung. Bamberg liegt im Freistaat Bayern, ist kreisfreie Stadt und Verwaltungssitz des gleichnamigen Landkreises. In der größten Stadt Oberfrankens leben rund 71 000 Einwohner (1993). Der Stadtrat besteht aus 44 Mitgliedern. Davon gehören 20 der CSU an, 11 der SPD, 4 der Grünen/Alternativen Liste, 2 den Republikanern. Die Liste FDP-FB/ÜBG/ÖDP verfügt über 7 Sitze. Oberbürgermeister ist Paul Röhner, CSU (Stand 1993).

Verkehrslage. Bamberg ist Endpunkt der A 73 ('Frankenschnellweg') Nürnberg–Bamberg mit Anschluß an die A 3 (Frankfurt–Nürnberg–Regensburg–Passau). Als Bundesbahnknotenpunkt ist es Station an der IC-Strecke München– Berlin und der D-Zug-Strecke Stuttgart–Hof, mit Anschluß an die IC-/ICE-Haltepunkte Nürnberg und Würzburg. Es gibt einen Sportflugplatz. Nächster Verkehrsflughafen ist Nürnberg (60 km). Der 1962 fertiggestellte Staatshafen am Main-Donau-Kanal liegt nördlich des Zusammenflusses vom linken und rechten Regnitzarm. Seit 1992 nach der Eröffnung des Kanals von

Aschaffenburg am Main bis Passau an der Donau erstreckt sich dieser moderne Großschiffahrtsweg über 680 km; Bamberg nimmt mit dem für einen Jahresumschlag von 3,2 Mio. t ausgelegten Hafen einen besonderen Platz ein. Grenzübergang zur Tschechischen Republik ist Schirnding (ca. 85 km).

Wirtschaftsleben. Bamberger Kaufleute waren schon 1062 auf auswärtigen Märkten anzutreffen. Der in der Michaelskirche ruhende hl. Otto, achter Bamberger Bischof und Stadtherr, hatte mit dem Erwerb des Marktrechts anfangs des 12. Jh.s zur wirtschaftlichen Entwicklung entscheidend beigetragen. Um 1200 siegelte die Bürgerschaft schon selbständig ihre Dokumente, 1306 hatte sie bereits ein geschriebenes Stadtrecht.
Im Laufe des 19. Jh.s verdoppelte sich die Einwohnerschaft als Folge der wirtschaftlichen Umstrukturierung der Stadt. Moderne mechanische Fabrikationsstätten nutzten neue Energiequellen. Sie verdrängten mehr und mehr die Manufaktur und zogen auch von auswärts neue Arbeitnehmer an. Um diese Zeit entstanden die meisten der Industriezweige, die auch heute noch das Wirtschaftsleben Bambergs bestimmen. Der Osten, nahe der Bahn, ist der Hauptsitz der Industrie, die vornehmlich textil- und lederverarbeitende Betriebe, Maschinen- und elektrotechnische Fabriken umfaßt.
Eine Reihe nach 1945 neu- oder wiedergegründeter − früher in Sachsen, im Sudetenland oder in den Ostgebieten ansässiger − Firmen trugen zum Aufschwung bei. Zugleich wurde Bamberg zu einer gerühmten Bierstadt mit weltbekannten Spezialitäten wie dem 'Rauchbier' (s. S. 12). Hier soll es schon immer mehr Brauereien als Kirchen gegeben haben, wie der Volksmund zu berichten weiß. Sogar die 'Häcker', die auf den westlichen Höhen von alters her Wein angebaut hatten, verlegten sich vorübergehend auf den Hopfenbau, allerdings mit wenig Erfolg; man wendete sich statt dessen schließlich verstärkt der Landwirtschaft zu. Heute gibt es in Bamberg insgesamt 10 Braustätten.
Ein wesentlicher Wirtschaftsfaktor ist der Fremdenverkehr; rund 275 000 Übernachtungen werden jährlich gezählt.
Mit der wirtschaftlichen und bevölkerungspolitischen Entwicklung wurde auch die Frage der Ver- und Entsorgung vorangetrieben. So wurde die Kläranlage um die biologische Stufe erweitert. Eine umweltfreundliche Müllverbrennungsanlage ist seit 1978 in Betrieb.

Kulturelles Leben. Bambergs Ansehen als Schul- und Buchstadt läßt sich bis in die Zeit der ersten Bischöfe zurückverfolgen. An der Domschule, einer Art Reichsdiplomatenschule, waren Män-

ner wie Anno von Köln und Lambert von Hersfeld zu finden. Das Kloster Michelsberg war durch eine hervorragende Schreibschule bekannt.
Die 1648 gegründete Universität hätte ihre Tradition bis in die Gegenwart weitergeführt, wäre sie nicht nach der Säkularisation des Fürstbistums auf Veranlassung der neuen bayerischen Herren 1803 aufgehoben worden. Was übrig blieb, war ein Lyceum, aus dem die spätere Phil.-Theol. Hochschule – von 1939–45 Pädagogische Hochschule – und das heutige Kaiser-Heinrich-Gymnasium hervorgegangen sind. Erst 1972 entstand eine Gesamthochschule, die 1979 den Status als Universität erhielt. Ihr heutiger Name, Otto-Friedrich-Universität (seit 1988), geht auf die Gründer und Förderer Fürstbischof Otto Voit von Salzburg und Friedrich Karl von Schönborn zurück. Sie hat derzeit über 8000 Studierende. 27 Volksschulen, 11 Gymnasien, 3 Realschulen, zahlreiche Berufsfachschulen und eine Fachakademie unterstreichen Bambergs Ruf als Schulstadt.
Auch das Theater in Bamberg hat eine lange Tradition. Aufführungen fanden schon an den Stiftsschulen, in und vor den Kirchen statt. Die Tradition reicht von Quandts privilegierter Bühne (1800) über das Schauspiel- und Opernhaus des Reichsgrafen Soden (1802) bis zum heutigen Theater, das nach dem Dichter und Komponisten E.T.A. Hoffmann genannt wurde, der das Haus von 1808 bis 1813 als Kapellmeister geleitet hatte.
1945 entstanden aus heimatvertriebenen Mitgliedern der Prager Philharmonie, Angehörigen des Karlsbader Orchesters und einheimischen Kräften die Bamberger Symphoniker, die unter ihrem Chefdirigenten Joseph Keilberth († 1968) zu einem neuen Klangkörper von Weltgeltung zusammenwuchsen. Seit September 1993 haben sie unter der Leitung von Horst Stein in der neuen Konzert- und Kongreßhalle an der Regnitz eine repräsentative Heimstatt.

Das 'Bamberger Modell'. Bambergs Altstadt war zwar im 2. Weltkrieg von Zerstörungen verschont geblieben, präsentierte sich aber nach 1945 dennoch in desolatem Zustand. Erste Schätzungen über die Kosten für eine Sanierung des Altbaubestandes beliefen sich auf rd. 1 Mrd. DM. Mit Hilfe von Landesmitteln konnten lediglich die 'Rosinen' (Dom, Kirchen und Monumentalbauten) saniert werden; für die restlichen Altbauten in Privatbesitz war keine Hilfe von außen zu erwarten.
In dieser Situation startete die Stadtverwaltung mit dem 'Bamberger Modell' eine Selbsthilfeaktion, deren Ziel es war, die Bürger zur Durchführung der notwendigsten denkmalpflegerischen Maßnahmen zu veranlassen. Für Instandsetzung, Renovierung und Restaurierung wurden verlorene Zuschüsse ge-

währt, z. T. auch Kosten für statische und planerische Untersuchungen bei stark gefährdeten historischen Bauten übernommen. So waren angesichts der finanziellen Hilfe der Stadt viele Bürger bereit, die Hauptlasten selber zu tragen. Nicht zuletzt auch wegen des gewachsenen Bewußtseins für den Erhalt der historischen Bausubstanz konnte bis 1990 der überwiegende Teil der schutzwürdigen Altbauten restauriert bzw. saniert werden.

Stadtgeschichte

6. – 10. Jahrhundert. Nach dem Zusammenbruch des Thüringer Reiches in der großen Schlacht des Jahres 531 waren fränkische Krieger den Main heraufgezogen. Nahe der Regnitzmündung in den Main, dort wo der Fluß sich teilt und einer Insel Raum gibt, errichteten sie in der Deckung einer Hügellandschaft eine Burg. Mit diesem Castrum Babenberch, das 902 zum erstenmal erwähnt wird, tritt der siedlungshistorisch bedeutende Platz am Schnittpunkt zweier alter Straßenzüge in die Geschichte ein. Zugleich entwickelte sich am Ostufer der Regnitz – an der Stelle der heutigen Nürnberger Straße – eine der wichtigsten Verkehrsadern des alten Reiches aus Thüringen und Sachsen nach Nürnberg.
Die andere Handelsroute nahm um das Jahr 1000 ihren Weg aus der fränkischen Bischofsstadt Würzburg über den Steigerwald nach Forchheim. Auf einem der sieben Hügel begann Heinrich II. im Jahr 1002 mit dem Bau seines Domes. Die Burg der Babenberger, eines ostfränkischen Markgrafengeschlechtes, die der Stadt den Namen gab, stand auf dem heutigen Domberg. Beim Streit um die Macht im östlichen Franken wurden 902 die Babenberger von den Konradinern besiegt. Zwei Brüder wurden im Kampf getötet, der dritte 906 enthauptet. Die Burg fiel an das Königsgut. Aus den Reihen der Konradiner, jetzt Herzöge von Franken, wurde 911 Konrad, Sohn des im Kampf gegen die Babenberger gefallenen gleichnamigen Konradiners, zum deutschen König gewählt.
973 schenkte Kaiser Otto II. Burg und Marktgemeinde (civitas papinberc) seinem Vetter, dem Bayernherzog Heinrich dem Zänker. Sein Sohn, der spätere Kaiser Heinrich II., widmete diesem Erbe ein besonderes Interesse. Anläßlich seiner Vermählung 997 mit Kunigunde von Luxemburg brachte er ihr Bamberg als Morgengabe dar.

11. Jahrhundert. 1002 hatte man Heinrich II. zum deutschen König gewählt, 1007 wurde Bamberg auf seinen Wunsch zum Bischofssitz erhoben. Der ehemalige Bayernherzog aus ottoni-

schem Hause errichtete hier seine Kaiserpfalz. Etwa an diesem Platz steht heute die Alte Hofhaltung.
Persönliche und religiöse Bindungen, aber auch politische Überlegungen hatten den König veranlaßt, an diesem strategisch günstigen Platz ein mächtiges Reichsglied zu schaffen. Für ihn war Bamberg Hauptstadt seines Reiches – 'caput orbis', das Haupt der Welt.
In der Folgezeit wurde das Bistum mit reichen Schenkungen ausgestattet, darunter sechs königliche Abteien im süddeutschen Raum, Streubesitze an Gütern in Süddeutschland, im Elsaß, in Kärnten, wissenschaftliche Bibliotheken, Heiligtümer und Reliquien. Heinrich II. ließ den 1012 vollendeten ersten Dom erbauen, dem sich in rascher Folge die Kollegiatstifte und Klöster St. Stephan, St. Michael, St. Gangolf und St. Jakob anschlossen. Die von ihm gegründete Domschule erzog die Verwaltungselite des Reiches.
Ostern 1020 wurde zu einem weiteren Glanzpunkt in der Stadtgeschichte: Papst Benedikt VIII. besuchte Bamberg, erneuerte mit dem König das 'Pactum Ottonianum' von 962, um die Ordnung der Reichskirche weiter zu sichern. Heinrich II. starb 1024. Er steht für die glanzvollste Epoche der Stadt, in deren Dom er als sein großherziger Stifter auch seine letzte Ruhestätte fand.
Bambergs erster Kirchenfürst, Bischof Eberhard (1007–1040), war zugleich Kanzler des Reiches. Sein Nachfolger, Bischof Suidger (1040–1047), wurde als Clemens II. zum Papst gewählt. Im Westchor des Domes befindet sich sein Grab, das einzige Papstgrab diesseits der Alpen.

12.–14. Jahrhundert. Otto I., der Heilige (1102–1139), gilt als der bedeutendste unter den Bamberger Bischöfen. Er trug maßgeblich dazu bei, den Investiturstreit zwischen Kaiser und Papst um die Einsetzung der Bischöfe zu beenden. Die Verbreitung des Christentums und abendländischer Kultur führten ihn auf mehreren Missionsreisen nach Pommern. Noch heute bestehen damals geknüpfte Verbindungen zwischen Bamberg und der polnischen Kirche. Darüber hinaus gründete Otto I. zahlreiche Klöster, ließ als Bamberger Bischof den 1081 ausgebrannten Dom wiederherstellen, als kenntnisreicher Bauherr zahlreiche Kirchenbauten errichten und die Stadt um einige Viertel erweitern. (Grab in der Michaelskirche.)
Noch immer wurden zahlreiche Hof- und Reichstage in der Pfalz Heinrich II., in der Nachbarschaft des Domes, abgehalten, und die nachfolgenden Bischöfe aus dem Hause Andechs-Meranien nutzten ihre vielfältigen Verbindungen, insbesondere zum staufischen Herrscherhaus, zum Wohle der Stadt. Konrad III., der erste Stauferkönig, starb hier 1152, krank von einem Kreuzzug

zurückgekehrt. Man bestattete ihn in der Krypta des Domes. Die Brandkatastrophe von 1185 zerstörte den Dom ein zweites Mal. 1237 fand die Weihe des bis heute erhaltenen spätromanisch-frühgotischen Neubaus statt, der mit seinem Reichtum an bildnerischem Schmuck einen unübertroffenen Höhepunkt deutscher Baukunst der Stauferzeit darstellt.
1208 wurde der Stauferkönig Philipp von Schwaben in der Alten Hofhaltung von Pfalzgraf Otto von Wittelsbach erschlagen. Der Mord geschah während der Hochzeit der Beatrix von Burgund, einer Nichte des Königs, mit Herzog Otto von Meranien, Bruder des Bamberger Bischofs Ekbert von Andechs-Meran (1203–1237). Man verdächtigte den Bischof und Erbauer des heutigen Doms der Mitwisserschaft. Der Bischof floh daraufhin zu seinem Schwager, dem König von Ungarn, bis er 1211 vom Staufer Friedrich II. rehabilitiert und in sein Amt zurückberufen wurde. Auch König Philipp erhielt sein Grab zunächst im Dom, bis er später in die Kaisergruft von Speyer am Rhein überführt wurde.
Als Zeichen ihrer wachsenden Bedeutung siegelte die Bürgerschaft bald nach 1200 selber ihre Dokumente. Das Siegelbild zeigt den hl. Georg mit dem Adlerwappen. Seit 1306 gab es ein geschriebenes Stadtrecht, in dem auch ein Stadtrat bezeugt ist. Zu Füßen der geistlichen Hügelstadt wie auf der Insel zwischen den beiden Regnitzbetten entwickelte sich nun die gotische Stadt der Bürger. Das neue (jetzt Alte) Rathaus auf einer künstlichen Insel, am Schnittpunkt zwischen bürgerlicher und geistlicher Stadt, kennzeichnete eine wohlorganisierte Verwaltung; Kaiser Karl IV. verbriefte 1355 in einer goldenen Bulle das Privileg eigener Gerichtsbarkeit.

15. Jahrhundert. Mit Argwohn begleiteten Bischof und Domkapitel das wachsende Bewußtsein des Bürgertums. Sie beharrten auf der eigentlichen Herrschaft über die Stadt, bestellten den Stadtschultheiß wie die zwölf bürgerlichen Schöffen. Rechtsungleichheit zu Lasten der Bürger führten schließlich zum offenen Aufstand, der als 'Muntäterkrieg' in die Geschichte eingehen sollte. Anlaß war das Privileg der Bürger in den geistlichen Stadtbezirken, die nach damaligem Rechtsverständnis 'gefreit', d.h. nur dem Bischof und nicht der Stadtverwaltung untertan, waren. Vor allem aber mußten sie keine Steuern entrichten. Dem Streit ging 1430 ein Einfall der Hussiten voraus, die über den Jura gezogen waren und wenige Kilometer vor der völlig ungeschützten Stadt standen. Nur ein Lösegeld von 15 000 Gulden bewahrte Bamberg vor Brandschatzung und Plünderung. Nun forderten die Bürger den Bau einer Wehrmauer, an deren

Kosten sich auch die Muntäter beteiligen sollten. Die Forderung wurde zunächst anerkannt, dann wieder verworfen. Daraufhin erstürmten die empörten Bamberger den Michaelsberg und verwüsteten das Kloster. Am Ende stand ein Kompromiß: Die gefreiten Bezirke wurden zu bescheidenen Zahlungen herangezogen, und die Stadt erhielt eine einfache Umwallung. Doch führten Enttäuschung und Resignation um die Mitte des 15. Jh.s und danach, in der Zeit der Protestantenverfolgung während der Reformation, zur Abwanderung führender Familien vorwiegend in das freiere Nürnberg.

16. – 18. Jahrhundert. 1525 lehnte sich die Bürgerschaft erneut auf. Beim Bürger- und Bauernaufstand plünderte sie das Kloster St. Michael ein zweites Mal. Die Altenburg, Fluchtburg des Bischofs, widerstand ihrem Ansturm, wurde 1553 jedoch durch den brandschatzenden Kulmbacher Markgrafen Alcibiades, der die Gründung eines fränkischen Herzogtums durchsetzen wollte, verwüstet.
Nun forderte der Hexenwahn seine Opfer. Hunderte von Bürgern starben unter Bischof von Dornheim (1623–1633) auf dem Scheiterhaufen. 1632 warf der Dreißigjährige Krieg seine Schatten. Schwedengeneral Horn besetzte mit seinen Truppen Bamberg, wurde aber schließlich vom kaiserlichen Feldherrn Graf von Tilly vertrieben. Auch Wallenstein zog hier ein. Hohe Kontributionen lasteten auf den Bürgern, doch die Stadt selbst blieb verschont. 1633 zog Bernhard, ein vom Schwedenkönig Gustav Adolf gestützter Frankenherzog, in die Stadt ein. Die Bürger mußten dem Bischof abschwören. Im Dom fand ein lutherischer Gottesdienst statt.
Nach dem Westfälischen Frieden (1648) begann eine neue Blütezeit. Unter den inzwischen souveränen Fürstbischöfen verwandelte sich das gotische Bamberg jetzt in eine strahlende Barockstadt. Die sogenannte 'Schönborn-Zeit' brach an – benannt nach den beiden Fürstbischöfen aus dem Hause Schönborn, Lothar Franz von Schönborn (1693–1729), seit 1695 auch Erzbischof und Kurfürst von Mainz, sowie nach seinem Neffen Friedrich Carl von Schönborn (1729–1746), auch Bischof von Würzburg und Reichsvizekanzler. Beide zeichneten sich durch hohen Kunstverstand, Bauleidenschaft und ungewöhnliche Kreativität aus. Große Baumeister und Architekten schmückten die Stadt, unter ihnen Balthasar Neumann, die drei Gebrüder Dientzenhofer, Lucas von Hildebrandt, Maximilian Welsch und Joh. J. Michael Küchel. Sie bauten die prunkvollen Kirchen und Paläste, die prächtigen Bürgerhäuser, die bis heute den Stolz Bambergs ausmachen.
Der Siebenjährige Krieg führte mehrmals die Truppen des Preu-

ßenkönigs Friedrich II. plündernd und brandschatzend in die Stadt. Der 'Eisgang' des Jahres 1784 wurde zu einer weiteren Katastrophe. Das Hochwasser riß fast alle Brücken mit sich fort, darunter die im prunkenden Rokoko gerade erbaute Seesbrücke über dem rechten Regnitzarm.

19. — 20. Jahrhundert. Mit dem 18. Jh. endete auch die Entwicklung des selbständigen geistlichen Fürstbistums. Am 28. November 1802 ging das Hochstift Bamberg im Zeichen der Säkularisation an Bayern über. Der jähe Abstieg zur einflußlosen bayerischen Provinzstadt war nicht mehr aufzuhalten, auch wenn das Bistum 1818 zum Erzbistum erhoben wurde.
Bambergs Bedeutung war von jeher auch von seiner Lage an schiffbarem Wasser bestimmt, seine Schiffe sind schon im Mittelalter zollfrei mainabwärts gefahren. So sollte es nun auch Anschluß an den Süden bekommen. 1841 war der alte Ludwig-Donau-Main-Kanal mit Bamberg als nördlichem Endpunkt fertiggestellt, das Jahr 1884 brachte den Anschluß an das konkurrierende Eisenbahnnetz. Gegen Ende des 19. Jahrhunderts stellte sich wirtschaftlicher Aufschwung ein. Die Bevölkerungszahl hatte sich jetzt mit rund 40 000 mehr als verdoppelt. Die Stadt entwickelte sich, neue Viertel wurden angelegt.
Den 2. Weltkrieg konnte Bamberg fast unbeschadet überstehen. Sein in tausend Jahren gewachsener städtebaulicher Organismus als fränkische Kaiser- und Bischofsstadt wurde in den Jahren danach in vorbildlicher Weise restauriert. 1973 fand die 1000-Jahr-Feier Bambergs statt; die Altstadt wurde 1981 zum Stadtdenkmal erklärt. Eine Arbeitsgemeinschaft mit Lübeck und Regensburg zur 'Stadterhaltung und Stadterneuerung in historischen Städten' will sich auch weiterhin für die Erhaltung dieses kulturellen Erbes einsetzen. 1988 beging Bamberg den 37. Deutschen Historikertag in Anwesenheit des Bundespräsidenten.

Kunstgeschichte

Wie die in der Chronik des Regino von Prüm für das Jahr 902 erstmals erwähnte Burg Babenberh aussah, ist unbekannt. Beschreibungen von spätkarolingischen und ottonischen Herrensitzen geben nur vage Hinweise. Auch ist nicht erwiesen, ob dem Dom ein St.-Georgen-Heiligtum vorangegangen war. Der erste Dombau Heinrichs II. soll eine spätottonische dreischiffige Säulenbasilika gewesen sein. Er stand mit seiner Längsachse südlicher als der jetzige, dritte Dom. Der Innenraum, ungewölbt und mit flachen Holzdecken ausgestattet, gab dem Brand 1081 reichliche Nahrung; nur das Mauerwerk blieb erhalten. Mit seinem nördlichen Querschiff wohl direkt verbunden, stand die Kaiser-

pfalz an der Stelle der jetzigen Alten Hofhaltung. Die vorausgegangenen Kirchen St. Stephan (1020) und St. Michael (1021) werden dem Dom stilistisch verwandt gewesen sein. Ein zweiter Brand 1185 führte zum Neubau des uns bekannten spätromanisch-frühgotischen Domes, an dem ein Zisterzienser-Baumeister von Ebrach und Bauleute vom Oberrhein beteiligt waren. Romanische Baureste sind in den alten Stiftskirchen vielfach erhalten. Beispielhaft erscheinen die Pfeiler-Basilika St. Gangolf in der Theuerstadt (1063) und besonders die Säulen-Basilika St. Jakob im Berggebiet (1071 begonnen, 1109 vollendet), deren Langhaus und Querschiff im wesentlichen noch die monumentale Raumerscheinung haben, die Otto der Heilige ihnen gab.
Romanik und Gotik stehen in den Kurien auf dem Domberg, zumeist barock überbaut, nebeneinander. In der Dominikanerstraße wie in der Langen Straße – im Mittelalter eine der Hauptstraßen der Innenstadt – lassen die steilen Stufengiebel mehrerer Häuser erkennen, daß sie trotz ihrer vorgeblendeten Barockfassaden im Kern noch dem 14. Jh. angehören. In jenem Jahrhundert entstand am Oberen Kaulberg auch die städtebaulich wie künstlerisch gleichermaßen bedeutende Obere Pfarrkirche mit prächtigem Hochchor, ein Werk der böhmischen Parler-Schule und Beleg für den böhmischen Einfluß in der Zeit Karls IV. Der Spätgotik gehören die reizvollen Fachwerkbauten der Alten Hofhaltung an. In jener Zeit, als hier 1461 nach Mainz die zweite Buchdruckerwerkstatt Deutschlands gegründet wurde, war die Stadt unter dem weltoffenen Fürstbischof Georg III. Schenk v. Limpurg (1505–1522), dem 'Bischof von Bamberg' in Goethes „Götz von Berlichingen", eine Hochburg des Humanismus. Auch das von Tilman Riemenschneider geschaffene prächtige Hochgrab des Kaiserpaares Heinrich II. und Kunigunde im Dom ist ein Werk dieser Stilepoche. Der schöne Marienaltar des Veit Stoß von 1523 war ursprünglich für Nürnberg bestimmt; er ist erst später nach Bamberg gekommen.
Um 1500 sind auch starke Begabungen aus der heimischen Künstlerschaft am Werk: die Maler Hans Pleydenwurff (um 1420–1472), Wolfgang Katzheimer (um 1435–1508) sowie der im Bauernkrieg hingerichtete Bildhauer Hans Nußbaum (um 1460–1525); Pleydenwurff ist allerdings früh nach Nürnberg abgewandert.
Der reich dekorierte Kanzleibau der Alten Hofhaltung (noch mit gotischen Elementen) ist das erste Beispiel der deutschen Renaissance in Bamberg. Weitere Zeugnisse aus dieser Stilepoche sind Schloß Geyerswörth mit einem schönen Renaissancesaal und der Westflügel der Neuen Residenz. Im Barock des 17. Jh.s findet Bamberg zu neuem Glanz. Den Fürstbischöfen aus dem kunstbegeisterten Hause Schönborn, das auch Würzburgs

architektonisches Maß bis zum Feuersturm von 1945 bestimmt hatte, verdankt Bamberg die vom Barock geprägte, glanzvollste Epoche seiner Kunstgeschichte. Dem nach eigenem Geständnis vom 'Bauwurm' besessenen Lothar Franz von Schönborn (1693–1729) und seinem Neffen Friedrich Carl von Schönborn (1729–1746) dienten in ihrer unbändigen Baulust die kongenialen Baumeister Georg (1643–1689), Johann (1665–1726) und Joh. Leonhard Dientzenhofer (1655–1707), Brüder aus einer böhmischen Architektenfamilie, die über Prag nach Bamberg kam. Ebenfalls aus Böhmen stammte Balthasar Neumann (1687–1753), ein Architekt europäischen Ranges, dem als Bauleiter der Bamberger Joh. Jak. Michael Küchel (1703–1769) zur Seite stand. Die grandiosen Bauten der Neuen Residenz und des Michaelsberges entstanden, – ebenso die beiden Paläste des Hofrats Böttinger, Kirchen, Klöster und Spitale. Selbst einfache Bürgerhäuser schmückten sich mit barocken Fassaden. Im Zuge der Säkularisation nach der Übergabe des Fürstbistums an Bayern 1802 wurden Kirchen und Klöster geschlossen, unschätzbare Kunstbestände gingen der Stadt verloren. Jetzt setzte das Bürgertum seine Akzente. Der Philosoph F.W.J. Schelling besuchte die damalige medizinische Hochschule, G.W.F. Hegel, 1807–1808 Redakteur der 'Bamberger Zeitung', schrieb hier seine "Phänomenologie des Geistes". Der Romantiker E.T.A. Hoffmann fand am Theater der Stadt als Kapellmeister eine Anstellung und in Bamberg einen ersten Verleger für sein dichterisches Werk.

STADTBESCHREIBUNG

Stadtbesichtigung 1: Die Bischofsstadt

Dom — Diözesanmuseum — Alte Hofhaltung (Historisches Museum) — Neue Residenz — St.-Jakobs-Kirche — Michaelskirche — Karmelitenkirche — Obere Pfarrkirche — Böttingerhaus — St.-Stephans-Kirche

Der Rundgang durch den 'geistlichen' Teil der Stadt, der wegen seiner Hügellage auch Bergstadt genannt wird, beginnt am Domplatz. Imposante Gebäude der Hochromanik, der Gotik, der Renaissance, des Barock und des Rokoko umstehen den weiträumigen Platz, der zu den schönsten Anlagen Deutschlands zählt. Er wird beherrscht von den hoch aufragenden Türmen des Domes.

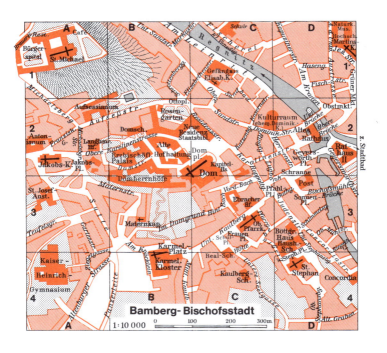

Der ****Dom** ist nächst den berühmten Kaiserdomen am Rhein – Speyer, Mainz und Worms – das ehrwürdigste Denkmal des deutschen Mittelalters. Der den hll. Petrus und Georg geweihte machtvolle Bau mißt 99 m in der Länge, 28,5 m in der Breite und 23 m in der Höhe bis zur Traufe des Mittelschiffs. Er wurde als gewölbte Pfeilerbasilika mit den Doppelchören über Krypten, westlichem Querhaus und vier Türmen ab 1215 an der Stelle eines 1012 von Kaiser Heinrich II. geweihten, 1185 ausgebrannten Domes errichtet, war aber bei der Weihe im Jahre 1237 noch nicht vollendet. Öffnungszeiten s. S. 14.

Baugeschichte

Um 1211 veranlaßte der Bamberger Bischof Ekbert v. Andechs-Meranien den Bau eines neuen Domes. An den sich über Jahre hinziehenden Bauarbeiten waren vier Bauhütten beteiligt, deren Leiter bis auf einen 'magister operis Wortwinus' namentlich nicht bekannt sind, doch durch die von ihnen gewählten Formen der Architektur und Plastik deutlich voneinander unterschieden lassen. Frühester und bedeutendster der vier Baumeister ist der Schöpfer des östlichen Georgenchors, der das Gepräge oberrheinischer Spätromanik hat. Bewundernswert an der mächtigen Chorapsis ist der unmerkliche Übergang vom runden Sockelgeschoß zum Sechseck der darüberliegenden Fensterzone.

Dem 'Meister des Georgenchors' folgte ein Bauleiter, dessen Ornamentik burgundisch-frühgotische Einflüsse erkennen läßt. Er wölbte den Georgenchor ein, gab den Osttürmen ihre Höhe und schuf das Langhaus.

Der dritte Bauabschnitt um 1230 trägt die herben frühgotischen Züge der Bauschule des Zisterzienserklosters Ebrach im Steigerwald und ist mit dem 'frater Wortwinus' zu verbinden. Er umfaßt die Einwölbung des Langhauses, das Querschiff und den Peterschor einschließlich der unteren Geschosse der Westtürme.

Die vierte Bauperiode bis zur Domweihe 1237 stand im Zeichen des großen, an der nordfranzösischen Gotik gereiften Künstlers, dem auch die vielbewunderten, herrlichen Bildwerke zu verdanken sind; sie zählen zu den höchsten Leistungen deutscher Plastik. Dieser 'Bamberger Meister' (Reitermeister) gab dem Westchor die Gewölbe und den Türmen die oberen drei Geschosse; ihre Ecken löste er nach dem Vorbild der Kathedrale von Laon in luftige Säulenbaldachine auf. Die Bauausführung zeigt von Ost gegen West eine zunehmende Verwendung gotischer Formen.

Die Helme der bis zur Kreuzspitze 81 m hohen Türme sind aus der Zeit um 1770, als J.J.M. Küchel die östlichen Türme durch Aufstockung den westlichen anglich.

Äußeres

Von den Portalen ist das *Fürstentor (1 im Grundriß) als Hauptzugang am prächtigsten dekoriert. Das spätromanische Stufenportal gehört noch der ersten Bauphase an; vollendet wurde es aber von der Bauhütte des 'Reitermeisters', dessen Stil das Bogenfeldrelief des Jüngsten Gerichts zeigt. Die früher seitlich des Portals aufgestellten Statuen der Ecclesia und Synagoge

kamen 1936 ins Innere (s.unten). Im Torgewände die Apostel, auf den Schultern die Propheten stehend, Werke der ersten Bauhütte.
An der Ostseite, nördlich von der Apsis, die schmale *Gnadenpforte* (3; Marienportal), ein Hauptwerk des 'Georgenchormeisters' (um 1220), mit reichgezierten, phantasievollen Säulenkapitellen. Es huldigt im Tympanonrelief der Muttergottes, die von den Schutzheiligen des Domes Petrus und Georg (links) und den Stiftern des ersten Domes, Heinrich II. und Kunigunde (rechts), verehrt wird. Die kleinen Löwenköpfe rechts neben der Gnadenpforte bezeichnen seit dem 13. Jh. die Maßeinheiten des Domes: eine Elle von 67 cm und einen Fuß von 26,8 cm Länge.
Südlich der Apsis als ältestes Domportal die breite *Adamspforte* (4) mit normannischem Zackenband auf den Kanten der beiden äußeren Gewändestufen. Unter den Baldachinen standen die jetzt im Diözesanmuseum aufbewahrten lebensgroßen Figuren des Adam und der Eva, die ersten nackten Gestalten der deutschen Kunst; ferner Kaiser Heinrich und Kaiserin Kunigunde, sowie die hll. Petrus und Stephan (um 1240). — Die *Veitspforte* (2) an der Nordseite des Querschiffs hat als Schöpfung der Ebracher Zisterzienser keinen figürlichen Schmuck, zeichnet sich jedoch durch edle Maßverhältnisse aus.

Inneres
Das Innere ist von kühler Feierlichkeit und wirkt infolge der starken Gliederung durch die mächtigen Pfeilerreihen zwischen dem Haupt- und den Nebenschiffen nicht besonders weiträumig. Sein Zustand entspricht im wesentlichen der von König Ludwig I. von Bayern angeordneten 'Stilreinigung' der Jahre 1828−37, die nahezu alle Stücke der nachmittelalterlichen Einrichtung und Ausstattung beseitigte und die farbigen Fassungen und Bildwerke entfernen ließ. Bei Restaurierungsarbeiten 1973 wurden die Wände und Pfeiler gereinigt, so daß der helle Farbton des fränkischen Sandsteins wieder klar zum Vorschein kam. Von der ursprünglich bunten Ausmalung sind nur noch einige Reste an den Chorschrankenreliefs zu erkennen.

Im Mittelschiff steht das **Hochgrab des Kaiserpaares Heinrich II. und Kunigunde* (5), ein nach vierzehnjähriger Arbeit 1513 vollendetes Meisterwerk Tilman Riemenschneiders aus Solnhofener Kalkstein. Heinrich II. (†1024) ist der einzige deutsche König, der heilig gesprochen wurde (1146); die Heiligsprechung der Kaiserin (†1033) erfolgte im Jahre 1200. Oben ruhen die überlebensgroßen Kaisergestalten im Krönungsornat. An den Seiten fünf beseelte Darstellungen aus der Legende der beiden

Heiligen: Kunigunde schreitet zum Beweise ihrer Unschuld mit bloßen Füßen über glühende Pflugscharen; Entlohnung der beim Bau von St. Stephan beschäftigten Werkleute aus leerer Geldschale; der hl. Benedikt befreit den Kaiser vom Steinleiden; Heinrich auf dem Sterbebett; Wägung seiner Seele durch den Erzengel Michael.

Im Georgenchor (Ostchor) steht am linken Wandpfeiler neben dem Aufgang auf reicher Akanthuskonsole, die von einer prachtvollen Blattmaske getragen wird, der edle **Bamberger Reiter** (6), ein um 1235 vom 'Reitermeister' als reifste Leistung seines hohen Könnens geschaffenes Standbild. Es stellt die lebensvolle Verkörperung des ritterlichen Helden der Stauferzeit dar und ist zum Wahrzeichen deutscher Kunst geworden. "Sinnender Ernst, ritterliche Männlichkeit und deutsche Gemütstiefe klingen in dieser Statue harmonisch zusammen" (Leitschuh).

Die Kunstwissenschaft hat verschiedene Persönlichkeiten in dem hoheitsvollen Reiter erkennen wollen, fand aber keine allgemein anerkannte Deutung. Man hielt den Reiter für den Ungarnkönig Stephan I., den Schwager Kaiser Heinrichs II., für den Kaiser selbst oder für Konstantin d. Gr. als Sinnbild des

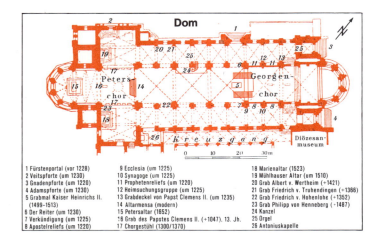

christlichen Herrschers. Andere Deutungen entschieden sich für die Stauferkönige Konrad III. und Friedrich II., für den Kirchenpatron St. Georg, für einen symbolischen 'Fürsten der Welt' oder den 1208 in Bamberg ermordeten König Philipp von Schwaben.

An den Außenseiten der Steinschranken, die den Chor gegen die Seitenschiffe abschließen, befinden sich in Blendarkaden je zwölf paarweise angeordnete *Reliefgestalten vom 'Meister des Georgenchors' und seinen Gehilfen (um 1220-30), mit das Beste, was deutsche Kunst dieser Art aufzuweisen hat. An der Südseite die *Apostel* (8), an den Nordseite die *Propheten* (11), alle sehr eindrucksvoll durch mannigfaltige Charakteristik und lebendige Gebärdensprache. Die Apostelseite in mehr gedämpfter, die Prophetenseite in dramatisch-bewegter Haltung; sie hat in dem leidenschaftlich kühlen Relief des halbentblößten, kahlköpfigen Jonas im Streitgespräch mit Hosea ihren stimmungsmäßigen und künstlerischen Höhepunkt. – Zu den Chorschrankenreliefs gehört die rechts von der Chortreppe angebrachte *Verkündigung* (7). An der Südwand des Georgenchors die von Peter Vischer in Nürnberg gegossene Grabplatte des Bischofs Georg II. Marschalk v. Ebner († 1505). – An den Pfeilern der Apostelseite stehen die *Figuren vom Fürstenportal:* der Posaunenengel, Abraham mit den Seligen im Schoß, die bekrönte *Ecclesia* (9) und die *Synagoge* (10), mit verbundenen Augen; diese beiden sind Werke hohen Ranges vom 'Reitermeister' und personifizieren die christliche Kirche als Siegerin und die jüdische Kirche als Besiegte, ein in der Bildhauerkunst des 13./14. Jh.s häufiges Motiv.

Am Mittelpfeiler der Prophetenseite die Gruppe der *Heimsuchung* (12), eine Maria und eine Elisabeth ('Sibylle'), die – entgegen älteren Deutungen – nicht zusammengehören. Der 'Reitermeister' scheint mit der Sibylle (Weissagerin) eine ganz andere Figur geschaffen zu haben als der Künstler der kräftiger gebauten Maria. Neben Maria der 'lachende Engel', der dem hl. Dionysius (rechts), mit dem Haupt in der Hand, die Märtyrerkrone reicht. Die ursprünglich als Deckplatte auf dem Hochgrab im Westchor ruhende *Statue des Papstes Clemens II.* (13; † 1047) am östl. Chorpfeiler dürfte ebenfalls von der Hand des 'Reitermeisters' sein (um 1235).

Die Ostkrypta (Eingang an der Nordseite) ist dreischiffig und ungewöhnlich hoch gewölbt; links der neuromanische Steinsarkophag des in Bamberg verstorbenen Stauferkönigs Konrad III. (†1152). – Im nördlichen Seitenschiff ein aus Kirchgattendorf (bei Hof) übertragener Flügelaltar der Zeit um 1515 mit den hll. Barbara und Katharina zu Seiten der Muttergottes. Links vom Fürstentor zwei neue Altäre für Kaiser Heinrich II. und Kunigunde mit den Schädeln der Heiligen in vergoldeten Reliquientabernakeln. – Auch der spätgotische *Schnitzaltar* (19) an der Westwand des nördlichen Querhauses kam erst 1923 aus Mühlhausen (Steigerwald) hierher.

Der hohe Peters-Chor (Westchor) war von jeher der Hauptchor und sein Altar der Hochaltar. In der Mitte steht als einziges Papstgrab in Deutschland das niedrige *Grabmal für Papst Clemens II.* (16; †1047), der 1042–46 als Bischof Suitger in Bamberg amtierte. Der ehemals auf der reliefgeschmückten Marmortruhe des 13. Jh.s ruhende Bildnisstein ist an einem Arkadenpfeiler des nördl. Seitenschiffs (s. oben) aufgerichtet. Das reichgeschnitzte *Chorgestühl* (17) gehört der Spätzeit des 14. Jh.s an. Von den Bischofsgrabmälern an den Chorwänden ist das für Georg III. Schenk v. Limpurg (†1522) schon zu Lebzeiten des 'Humanistenbischofs' 1518–21 von Loy Hering geschaffen. Über dem Hochaltar eine ausdrucksstarke *Kreuzigungsgruppe* (15) von Justus Glesker (1648/49), die im Zuge der 'Stilreinigung' aus dem Dom entfernt und 1912 zurückgekauft wurde. Die liturgische Neuordnung 1970/72 hatte eine ausschließliche Ausrichtung des Domes nach Westen zur Folge. Bauliche Veränderungen ließen eine Altarinsel mit Mensa (K. Backmund) entstehen. Gleichzeitig erhielt die *Krypta,* die nur bei besonderen Anlässen offen ist, einen Zugang im Westen.

Am vorletzten Hochschiffspfeiler, links vor dem Westchor, steht als künstlerisch wertvollster der spätmittelalterlichen Bischofssteine das ausdrucksstarke *Grabmal für Friedrich v. Hohenlohe* (22; †1352), eine bedeutende Leistung des Würzburger 'Wolfskehlmeisters'.

Im südlichen Querschiff der *Marienaltar* (18) des Veit Stoß (1523), ein ursprünglich für Nürnberg bestimmtes, ungefaßtes Hauptwerk des 75jährigen Meisters, das wegen der Einführung der Reformation unvollendet blieb.

In dem Winkel von Querschiff und südl. Seitenschiff die *Antoniuskapelle* (26), von einem Kreuzgewölbe überspannt. Daneben die nach der Reliquie eines Kreuznagels Christi benannte, schöngewölbte *Nagelkapelle* (1456; unzugänglich); als Sepultur (Begräbnisraum) der Domherren weist sie zahlreiche bronzene Grabplatten des 15. – 18. Jh.s auf. Der um 1500 von Hans Nußbaum geschnitzte Altar mit dem lebendig geschilderten Abschied der Apostel überdauerte als einziger von der ursprünglichen Ausstattung die Domreinigung der Biedermeierzeit. – Ungefähr gleichzeitig mit der Nagelkapelle entstand der malerische *Kreuzgang* an der Südseite des Domes (Zugang vom Diözesanmuseum).

Im *Kapitelhaus,* Domplatz 5, das Balthasar Neumann 1731–33 in einfachen, aber vornehmen Proportionen mit hohem Mansardendach an die östliche Schauseite des Domes setzte, befindet sich das ***Diözesanmuseum.** Seit 1966 sind hier die wertvollen Stücke des bis in die Gründungszeit des Bistums zurückreichenden Domschatzes einschließlich der hochmittelalterlichen Sakralgewänder und die Plastiken von der Adamspforte zusammengefaßt aufgestellt. Vom Vorplatz im 1. Stock reizvoller Blick auf den Kreuzgang und die westlichen Domtürme. Im Steinsaal, dem ehemaligen Kapitelsaal, sind die goldbestickten *Mäntel des heiliggesprochenen Kaisers Heinrich II. und seiner Gemahlin, der hl. Kunigunde, ausgestellt. Der **Grabornat des Papstes Clemens II.* († 1047) aus byzantinischen Seidenstoffen des frühen 11. Jh.s (er wurde bei der Öffnung des Sarkophages gefunden), Teile eines *Ornats des Bischofs Otto II.* (1192) sowie das *Grabtuch des Bischofs Gunther* († 1065), eine Seidenwirkerei mit der Darstellung der Huldigung Ost- und Westroms vor einem byzantinischen Kaiser, gelten als weitere herausragende Exponate der Sammlung. Außerdem werden der prachtvolle **Domschatz,* liturgische Geräte und Paramente von der Spätgotik bis ins 19. Jh. und Teile der ehemaligen barocken Domausstattung gezeigt. Zu sehen sind u. a. das *Domkreuz* aus der Zeit Heinrichs II., das jedoch seiner Goldfassung und des Edelsteinschmuckes beraubt wurde, die *Mitra des hl. Otto* (spätes 12. Jh.), mittelalterliche Reliquienbehälter, Gürtel, Lampe und Trinkschale der hl. Kunigunde, Lanze und Schwert des hl. Georg, der Bischofsstab des hl. Otto sowie romanische Tragaltärchen (12. Jh.). Im Kreuzgang stehen die Figuren, die früher die Adamspforte des Domes schmückten (um 1225–35; s. S. 31). Zu den weiteren Exponaten gehören fränkische Plastiken und Volkskunst. Öffnungszeiten s. S. 14.

Die ***Alte Hofhaltung** an der Nordwestseite des Domplatzes wurde an der Stelle der ehemaligen königlichen Pfalz aus dem 10./11. Jh. gebaut, die bei Gründung des Bistums in den Besitz des Bischofs überging. Der Saal der früheren Pfalz ist heute nur noch durch W. Katzheimers Bild 'Kunigundenlegende' dokumentiert, er wurde erst 1777 abgerissen. Der jüngste und imposanteste Teil des Gebäudes ist der prachtvolle Renaissancebau der *Ratsstube,* mit Giebeln, Torbögen und zweigeschossigem Erker. Er wurde 1570−76 im Auftrag des Bischofs Veit von Würzburg von Erasmus Braun und Daniel Engelhardt nach Plänen des markgräflichen Baumeisters Caspar Vischer gebaut. Am linken, niedrigen Flügel stehen in der Domstraße noch Mauerreste der achteckigen Pfalzkapelle des 11. Jh.s. Rechts im allein erhaltenen Unterbau der 'Hohen Warte', des einstigen Bergfrieds, die Fragmente der bischöflichen Hauskapelle aus der gleichen Zeit. Über dem reich skulptierten Hoftor ein Relief des hl. Kaiserpaares Heinrich und Kunigunde mit dem Modell des Domes, davor die Muttergottes. Den großen Hof rahmen die früheren Wohn- und Wirtschaftsgebäude der bischöflichen Hofhaltung ein, ungemein malerische Fachwerkbauten der Spätgotik (1475−90) mit Galerien, Zwerchhäusern (geschoßhoher Ausbau von Dachfenstern an der Hausflucht) und vielen Schleppgauben (Dachfensterausbauten mit senkrechten Seitenwänden) in den Steildächern. Im Sommer nutzt man die malerische Kulisse für Freilicht-Festspiele.

Das **Historische Museum Bamberg* ist bereits seit 1938 im Hauptbau der Alten Residenz untergebracht. Aus dem geschichtsträchtigen Komplex aus verschiedenen Epochen wurden Räume und Bauteile von der ottonischen Zeit bis zum 18. Jh. herausgeschält, sorgfältig instandgesetzt und mit jeweils dazu passenden Museumsgegenständen ausgestattet. Das Museum ist nach Epochen (Vor- und Frühgeschichte, Mittelalter, Barockzeit) und Themenbereichen (Zunft und Handwerk, Fayence, Waffen, astronomische Geräte) gegliedert. Es vermittelt die Geschichte der Stadt und ihrer Umgebung von der Steinzeit bis zur Malerei des 20. Jh.s.
Zu den bedeutendsten Exponaten gehören die *Bamberger Götzen,* drei Sandsteinstatuen, die im 19. Jh. im Schwemmsand der Regnitz gefunden wurden. Sie stammen aus einem Fürstengrab der Völkerwanderungszeit (um 400) und stellen einen Schwertkämpfer, einen Bogenschützen und einen Diener dar. Ihren Namen verdanken sie der später korrigierten Annahme, sie seien heidnische Kultfiguren, die von christlichen Missionaren in die Regnitz geworfen wurden.
Weiterhin sehenswert sind u.a. der spätromanische behelmte *Ritterkopf,* das große *Holzmodell der Basilika Vierzehnheiligen* von Balthasar Neumann, das spätgotische *Tafelgemälde* 'Apostelabschied' (1483, mit der ältesten noch erhaltenen Stadtansicht Bambergs) sowie die *Brücken- und Gartenfiguren* des Rokoko-Bildhauers Ferdinand Tietz. Öffnungszeiten s. S. 15.

Gegenüber steht die ***Neue Residenz**, eine mächtige Vierflügelanlage von ausgezeichneter Gruppierung, die in zwei Bauabschnitten entstand (Öffnungszeiten s. S. 15). Den westlichen Teil ließ Fürstbischof v. Gebsattel 1605–11 nach Plänen des Nürnberger Stadtbaumeisters Jakob Wolff d.Ä. errichten; die beiden langen Trakte am Domplatz mit dem turmartigen Eckbau des 'Vierzehnheiligen-Pavillons' wurden unter dem baufreudigen Lothar Franz v.
Schönborn 1697–1703 von Joh. Leonhard Dientzenhofer im Stile des römischen Barock errichtet. Im Kaisersaal der Neuen Residenz finden in festlichem Rahmen Konzerte statt. Vor allem im Sommer ist der *Rosengarten* der Residenz besuchenswert (erreichbar durch das große Portal). Von hier genießt man einen weiten Blick über die bürgerliche Stadt mit ihren Fachwerkhäusern und auf das Kloster Michaelsberg. Das Rokoko-Gartenhaus von J. J. M. Küchel (1757) ist als Café von Mai bis Oktober bewirtschaftet.

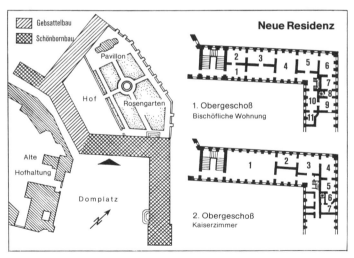

1. Obergeschoß (Bischöfliche Wohnung): 1 Vorsaal, 2 Billardzimmer, 3 Weißer Saal, 4 Speisesaal, 5 Konversationszimmer, 6 Audienzzimmer, 7 Chinesisches Kabinett, 8 Kapelle, 9 Gelber Salon, 10 Schlafzimmer, 11 Ankleidezimmer.
2. Obergeschoß (Kaiserzimmer): 1 Kaisersaal, 2 Vorzimmer, 3 Gesellschaftszimmer, 4 Kaiserzimmer, 5 Grüner Salon, 6 Venezianisches Kabinett, 7 Kabinett.

Kurfürsten-, Kaiser- und fürstbischöfl. Zimmer werden in Führungen gezeigt, die 45 Min. dauern. – Die fürstbischöflichen Wohn- und Repräsentationsräume sind reich ausgestattet. Die Stuckzier der Decken ist zumeist von Joh. Jakob Vogel; die Einrichtung umfaßt fränkische und französische Möbel, Porzellan und Fayence aus China und Delft, Wirkteppiche aus Brüssel, Beauvais und Würzburg.
Festlicher Mittelpunkt ist der *Kaisersaal* im 2. Obergeschoß, ein großer, aber niedriger Raum, den der Würzburger Hofmaler Melchior Steidl 1707–09 durch perspektivische Fresken in der Höhe täuschend erweiterte.
Im *Gesellschaftszimmer* steht der Schreibtisch, an dem Napoleon am 6. Oktober 1806, acht Tage vor der Schlacht bei Jena, die Kriegserklärung an Preußen unterschrieb. Marschall Berthier, der als Schwiegersohn des Herzogs Wilhelm in Bayern nicht zu Napoleon zurückgekehrt war, stürzte sich am 1. Juni 1815 beim Einzug russischer Truppen aus dem Fenster des Venezianischen Kabinetts, König Otto I. von Griechenland wohnte nach der Abdankung 1862 bis zu seinem Tode 1867 in der Residenz (Erinnerungsraum).

Die 1968 neueröffnete **Staatsgalerie** der Bayerischen Staatsgemäldesammlungen, München, befindet sich im 1. OG des Gebsattelbaus. Sie enthält bedeutende Werke der altdeutschen, kölnischen und fränkischen Schule sowie des flämischen, holländischen und deutschen Barock. Insgesamt sind fast 200 Gemälde ausgestellt, darunter einige bedeutende altdeutsche Werke aus der Sammlung Boisserée, die von König Ludwig I. 1827 angekauft worden waren. Die Fränkische Abteilung glänzt mit Arbeiten von L. Cranach d. Ä., H. B. Grien, H. Krell, H. v. Kulmbach, P. Lautensack und H. Wolf. Die acht Räume der Barockgalerie führen mit vorzüglichen Bildern von S. Ruisdael über F. Francken, van Dyck bis zu Tischbein und W. v. Kobell.

Die **Staatsbibliothek,** seit 1965 in der Neuen Residenz (im Erdgeschoß des Schönbornbaus), ist unter den wissenschaftlichen Bibliotheken Deutschlands durch hervorragende Altbestände ausgezeichnet und umfaßt nahezu 400 000 Bände mit 3400 Wiegendrucken sowie 5500 Handschriften (ab 5. Jh.), darunter schön illuminierte Pergamente aus der von Heinrich II. dem Domstift hinterlassenen 'Kaiserbibliothek'. Ausstellungen geben in laufender Folge Einblick in die Bestände. Öffnungszeiten s. S. 15.

Beiderseits der stillen Domstraße (Pl. II B 2) liegen die **Domherrenhöfe** als kleine, in sich geschlossene Stadt, die insbesondere in den stimmungsvollen Höfen mit ihren Außentreppen und Laubengängen das spätmittelalterliche Gepräge des 16. Jh.s bewahrt ha.. Die starken Futtermauern der Terrassengärten sind im 16.–18. Jh. an die Stelle der wehrhaften Burgmauer des Mittelalters getreten. Die aus befestigten Adelssitzen hervorgegangenen Kurien werden noch heute nach den alten Vorbesitzern oder den Schutzheiligen ihrer Hauskapellen benannt. Vornehmlich beachtenswert sind Domstr. 7 (Hof Würtzburg-Guttenberg oder Elisabethhof), Nr. 9 (Voitshof), mit einer Kreuzigungsgruppe von 1376 neben dem Erker der Kapelle sowie Nr. 11 (Erthals- oder Redwitzhof). Die Domstraße mündet in die Obere Karolinenstraße; rechts (Nr. 5) das 1763 von Küchel erbaute *Erzbischöfliche Palais,* links (Nr. 8) der stattliche *Langheimer Hof,* von 1154 bis zur Säkularisation 1803 Stadtherberge des Zisterzienserklosters Langheim bei Staffelstein, mit wappengeschmücktem Treppenturm des 16. Jh.s im sehenswerten Hof.

Wenige Schritte führen westlich zur **St.-Jakobs-Kirche,** die um 1070 für ein Augustinerstift begonnen und 1109 vom hl. Otto geweiht wurde. Der polygonale Westchor ist eine Zutat des 15. Jh.s, die barocke Schauseite verdeckt seit 1771 die alte Ostapsis, neben der nördlich ein Turm des 13./14. Jh.s mit Schweifhaube und Laterne von 1737 steht. Das *Innere zeigt mit den unverändert erhaltenen Säulenarkaden des Langhauses die herbe Monumentalität des frühromanischen Stils. Die ursprüngliche Rokoko-Ausstattung der Kirche wurde bei einer stilbereinigenden Restaurierung 1882 durch ein neugotisches Interieur ersetzt. Von der damaligen Einrichtung sind nur noch eine Muttergottes im Hochaltar (um 1430), zwei Bildteppiche (Kreuzigung, Grablegung, um 1470) sowie ein Gemälde des hl. Jakob (um 1780) zu sehen. Diese repräsentative Doppelchörigkeit erklärt sich wohl aus dem Vorbild des monumentalen Heinrichsdoms.

Der von der Jakobs-Kirche in 5 Min. zu erreichende ***Michaelsberg** (290 m) überragt den Domberg um 30 m und ist nicht nur geographisch ein zweiter Höhepunkt der Stadt. Ihn krönt mit markantem Umriß die 1015 gestiftete, 1803 aufgehobene Benediktinerabtei.
An der Ostseite des weiten Hofes erhebt sich die **St.-Michaels-Kirche,** deren Erstbau nach einem Erdbeben 1117–21 durch Otto den Heiligen im Hirsauer Schema als kreuzförmige, dreischiffige Pfeilerbasilika erneuert wurde. Im Kern blieb sie bis heute erhalten, abgesehen von dem ab 1475 neugestalteten Chor und der 1697–1703 von Joh. Leonh. Dientzenhofer vor die gotische Doppelturmfront

gesetzten imposanten Barockfassade, die dessen jüngerer Bruder Johann 1723 durch eine schön geschwungene Terrassenanlage bereicherte. Die Plastiken in den Nischen sind von Joh. Kaspar Metzner (1698), die auf der Balustrade von Leonh. Goldwitzer (1724).

Inneres
Das Innere der Kirche wird durch eine harmonierende Kombination von Romanik und Barock geprägt. Die prachtvolle Orgelempore und das -gehäuse gehören zu der Kirchenerneuerung nach einem Brand 1610. Damals wurden auch die neueingezogenen Gewölbe des Langhauses mit dem 'Himmelsgarten' (über 600 Pflanzen) bemalt. Die spätbarocken Pfeileraltäre sind mit Bildern von J. Scheubel d.Ä. versehen. Eine besondere Kostbarkeit ist die *Rokoko-Kanzel* im Mittelschiff, 1751 von Georg Adam Reuß und Anton Thomas geschaffen. Das reich intarsierte Chorgestühl schufen H. E. Kempel und Servatius Brickard 1725. Am Hochaltar stehen zwei Figurengruppen (Benedikt und Maurus, sowie, an den Seiten, die hll. Heinrich und Kunigunde) von 1740. Hinter dem Hochaltar, unter dem Chor, befindet sich das Grabmal des hl. Otto (1139). Die Gestalt des Heiligen ruht auf einer reliefverzierten Tumba aus dem 15. Jh. mit einem Durchschlupf, der es den Pilgern ermöglichte, den Reliquien so nahe wie möglich zu kommen. Die Grabplatte ist von 1340.
In der *Heilig-Grab-Kapelle*, rechts vom Chor (1725 von Joh. Dientzenhofer geschaffen), befindet sich ein Hl. Grab, eine klassizistische Arbeit von 1770. Die ursprünglichen Grabmäler wurden nach der Säkularisation entfernt. An die Decke malte M. Grasser 1725 ein eindrucksvolles Totentanz-Gemälde. In den Seitenschiffen liegen die zehn Grabmäler der Bamberger Bischöfe (16.–18. Jh.), die 1833 im Auftrag König Ludwigs I. aus dem Dom verbannt worden waren.
Die ausgedehnten *Abteigebäude* (heute Altenheim) beiderseits der Kirche entstanden 1696–1712 nach Entwürfen der Brüder Dientzenhofer; 1742–46 vollendeten Neumann und Küchel mit dem Süd- und Wirtschaftsflügel (Brauhaus) die Anlage. Im früheren Refektorium von J. J. Vogel stuckierte Decken mit Fresken (um 1715).

In der ehemaligen Klosterbraustätte befindet sich heute ein **Brauereimuseum.** Ausgestellt werden zahlreiche Urkunden, Schriftstücke und Gerätschaften zur Geschichte des Bierbrauens, sowie u.a. ein Sudhaus, eine Mälzerei- und Büttnerabteilung. Besondere Attraktion ist der 800 Jahre alte Eiskeller, in dem das aus den umliegenden Weihern gesägte Eis gelagert, mit Stroh zur Isolierung bedeckt und im Sommer zur Kühlung des

Biers verwendet wurde. Öffnungszeiten s. S. 15. – Von der Aussichtsterrasse genießt man einen weiten Blick über die Stadt und die Umgebung bis zu den Höhen der Haßberge und des Fränkischen Jura.

Nahebei westlich an der St.-Getreu-Straße die Städt. Nervenklinik mit der 1660 erbauten, um 1730 durch den Chor erweiterten **St.-Getreu-Kirche** (Pl. I A 2). Im Äußeren schlicht, überrascht das heitere Bunt des überreich ausgestatteten Kirchenraumes. Die bemalten Passionsreliefs aus Holz (1493) gelten als Werke Nußbaums, ebenso die großen Steingruppen der Kreuzigung und Grablegung (um 1510). Wegen Renovierung geschlossen.
In der Maternstraße steht die kleine *Maternkapelle,* in der zur Weihnachtszeit eine sehenswerte Krippenausstellung gezeigt wird (geöffnet 1. 12.–6. 1. dienstags bis freitags 13–16 Uhr, an Wochenenden und Feiertagen 13–17 Uhr).

Südlich der Maternkapelle liegt das Karmelitenkloster mit der **Karmelitenkirche.** Das Kloster St. Maria und Theodor wurde Mitte des 12. Jh.s als Zisterzienserinnenkonvent begründet, aber 1589 von den Karmeliten bezogen, die den 1803 profanierten Bau seit 1902 wieder innehaben. Das Äußere der Kirche ist durch den Umbau J. L. Dientzenhofers (1692–1707) vom Barock geprägt, hat aber an der Westseite neben dem gotischen Turm das alte Hauptportal des frühen 13. Jh. vermauert bewahrt. Sein normannisches Zickzackband und die kauernden Löwen erinnern an die Ornamentik der Adamspforte des Domes. Links der Ostfront steht der schmucke Bibliotheksbau von 1675; hier ist der Eingang zum stimmungsvollen *Kreuzgang. Der im 14. Jh. errichtete rundbogig überwölbte Umgang greift in der Gestaltung figürlich geschmückter Säulenkapitelle auf Formen der Romanik zurück.

Am Unteren Kaulberg steht die hoch aufragende **Obere Pfarrkirche** (Kath. Stadtpfarrkirche zu Unserer Lieben Frau), das bedeutendste gotische Bauwerk Bambergs und in der städtebaulichen Wirkung eine der besten Leistungen des deutschen Mittelalters. Dem 1338–50 errichteten basilikalen Langhaus wurde Ende des Jahrhunderts ein wesentlich höherer Kathedralchor von auffallendem Reichtum der Gliederung und Dekoration in der Formensprache der böhmischen Parler-Schule angefügt. Gleichzeitig entstand der in unterschiedlich hohen Geschossen aufwachsende Turm. Seine Bekrönung bildet der 1535 nur als Provisorium gedachte, aber mittlerweile zu einem Merkmal der Stadt gewordene verputzte Holzbau der Türmerwohnung. An der Nordseite der Kirche unter Baldachin die Ehepforte mit den Standbildern der klugen und törichten Jungfrauen, im Bogenfeld die Marienkrönung (um 1360); an der Westfront eine 1502 datierte Halle mit Ölberg von H. Nußbaum.

Inneres
Den Innenraum bestimmt die Barockisierung ab 1711, jedoch in bemerkenswerter Rücksicht auf die mittelalterlichen Formen. Der mächtige Hochaltar (1714) umschließt ein Gnadenbild (Anf. 14. Jh.). Christus und die Apostel an den Pfeilern des Mittelschiffs stammen aus der Werkstatt U. Widmanns (1481). Die Marienkrönung im Chorumgang ist möglicherweise von Hans Nußbaum. Hier steht auch ein mit vielen Bildwerken geschmücktes Sakramentshäuschen, laut Inschrift von 1392. An der Turmwand des südl. Seitenschiffs ein Gemälde der Himmelfahrt Mariä, nach der Tradition von Tintoretto (1548).

Der Kirche gegenüber, Unterer Kaulberg 4, mit nobler Palastfassade und seitlichen Torhäusern der ehem. *Neue Ebracher Hof,* 1765 von Küchel erbaut als Pfleghof des Klosters Ebrach, dessen älteres Stadthaus (1682) nördlich anschließt und seinen Spätrenaissancegiebel der Straße Vorderer Bach (Nr. 5) zuwendet.

Über das Pfahlplätzchen erreicht man die Judenstraße mit dem **Böttingerhaus.** Es stellt ein vorzügliches Beispiel für den schwelgerischen Baustil der 'Schönbornzeit' dar. Joh. Ignaz Tobias Böttinger, Berater des Fürstbischofs Lothar Franz von Schönborn und Heeresausstatter im Spanischen Erbfolgekrieg, ließ dieses Bürgerpalais 1706—13 im genuesischen Barockstil erbauen. Einer der Nachbesitzer des Hauses mußte es 1899 verkaufen und schickte ein Rundschreiben an wohlhabende Leute, worin u.a. zu lesen war: "...zur besseren Verwertung wird die Ornamentik dieses in reinstem Barockstil künstlerisch vollendeten Hauses verkauft und unbeschädigt auch an jede Baustelle transferiert..." So kam die Gartenfassade des Palais nach München und ziert ein Parkschlößchen im dortigen Luitpoldpark, 'Bamberger Haus' genannt.

Die noch erhaltene Straßenfassade des Böttingerhauses schmückt ein reich ornamentiertes Portal. Im Inneren des Gebäudes sind vor allem die Stuckdecken von J. J. Vogel und die Deckengemälde sehenswert (Besichtigung auf Anfrage).

1716–22 ließ der kinderreiche Böttinger kaum 200 m entfernt, am Ufer der Regnitz, einen zweiten Barockpalast für sich bauen, die *Gartenvilla Concordia. Diesen — nach der Bürgergesellschaft Concordia benannten — schönen Schloßbau am Wasser hat mutmaßlich Joh. Dientzenhofer gestaltet. Im Inneren sind das reich dekorierte Treppenhaus und die Repräsentationsräume beachtenswert. Das Gebäude dient heute dem Staatlichen Forschungsinstitut für Geochemie.

Unweit des Böttingerhauses, auf halber Höhe des Stephansberges, steht in romantischer Umgebung die evang. **St.-Stephans-Kirche,** ein frühbarocker Zentralbau mit dem Grundriß des griechischen Kreuzes, der den Platz einer 1020 geweihten Kollegiatstiftskirche einnimmt. Ältester Bauteil ist der im Sockel romanisch, in den oberen Geschossen frühgotisch gehaltene Turm (um 1235). Ein 1628 von Giovanni Bonalino mit dem Chor begonnener Neubau konnte wegen des Dreißigjährigen Krieges erst 1680 vollendet werden. Architekt des Querhauses und des westlichen Kreuzarmes mit der beachtlichen Schauwand war Antonio Petrini, der Meister von Schloß Seehof (vgl. S. 53) und Stift Haug in Würzburg; eine nach dem Vorbild dieser Kirche geplante Vierungskuppel blieb leider Projekt. Von der nur noch teilweise erhaltenen Ausstattung des Innenraumes beeindrukken der prachtvoll geschnitzte Orgelprospekt (um 1700) und das feine Rokokogestühl im Chor.

Den Abschluß des Rundgangs durch die geistliche Stadt bildet noch ein kleiner Abstecher über Juden- und Herrenstraße zur ehemaligen **Dominikanerkirche** in der Dominikanerstraße. Das Portal der im 14. Jh. gegründeten Bettelordenskirche schmückt eine Christophorus-Figur von H. Nußbaum (um 1510). Von der einstigen kostbaren Innenausstattung ist heute nichts mehr erhalten, sie wurde nach der Säkularisation verkauft. Der noch teilweise erhaltene Kreuzgang stammt aus dem 14. Jh. Die Dominikanerkirche dient heute als Kulturraum. In zwei spätgotisch gewölbten Räumen des früheren Klosters befinden sich die Gastzimmer des historischen Wirtshauses 'Schlenkerla'. Der Chronik nach wurde dieser Name einem Wirt im 19. Jh. gegeben, "weil er mit seina Orm a wengla gschlenkert hat, drum hom's na Schlenkerla gedauft aus Übermut und Schpott".

Zur **Altenburg** (s. S. 49) führt die steile Altenburger Straße.

Stadtbesichtigung 2: Die Bürgerstadt (Inselstadt)

Altes Rathaus − Wasserschloß Geyerswörth − Grüner Markt − St.-Martins-Kirche − Naturkundemuseum − Neues Rathaus − E.T.A. Hoffmann-Haus − Staatsarchiv − Karl-May-Museum und Stadtteil Bug

An der Grenze zwischen geistlicher und bürgerlicher Stadt steht imposant auf einer künstlichen Insel in der Regnitz das ***Alte Rathaus.** Kernstück der dreiteiligen Baugruppe ist ein Brückenturm aus dem 14. Jh., dessen gotisch gewölbter Durchgang erhalten blieb. Nach einer Explosion 1440 wurde das Rathaus 1450−63 wieder aufgebaut, 1668 das Fachwerkgebäude 'Rottmeisterhaus' hinzugefügt. 1744−56 erfolgte ein barockisierender Umbau nach Plänen von Michael Küchel, von dem nur das Rottmeisterhaus ausgenommen blieb. Die farbenfrohen Malereien an den Außenwänden schuf Joh. Anwander 1756, sie wurden 1960−62 restauriert. Die Rokokobalkone am Brückenturm modellierte Bonaventura Mutschele 1755−56. Über den Balkonen zur geistlichen Stadt hin das Wappen des Fürstbischofs Franz Konrad von Stadion, zur bürgerlichen Stadt hin das Stadtwappen. Den Rokoko-Sitzungssaal im Inneren des Alten Rathauses schuf ebenfalls Joh. Anwander.

Das Alte Rathaus wird von zwei Brücken flankiert. Auf der *Oberen Brücke* steht an der Brüstung eine Kreuzigungsgruppe von Leonh. Gollwitzer (1715). Von der durch B. Neumann errichteten alten *Unteren Brücke* blieb nach dem verheerenden 'Eisgang' des Jahres 1784 nur noch eine Sandsteinfigur von J. P. Benkert übrig, die hl. Kunigunde (1745/Kopie). Von hier genießt man einen malerischen Ausblick auf die dicht sich aneinanderdrängenden Fischerhäuschen mit ihren hohen Dächern. Das Viertel wird wegen seines Ambiente auch 'Klein-Venedig' genannt. Gegen Einwurf eines Geldstücks in einen Automaten am Alten Rathaus kann man sich diesen Anblick bei Dunkelheit auch anstrahlen lassen.

Bevor man eine der beiden Brücken für den weiteren Rundgang überquert, sollte man noch über den wenige Schritte flußaufwärts liegenden Geyerswörthsteg zum **Wasserschloß Geyerswörth** gehen. Der gedrungene Fünfflügelbau wurde 1585 als fürstbischöfliches Stadtschloß erbaut. Im Hof unter den Arkaden befindet sich das Original des Stadtwappens vom Alten Rathaus. Vom Turm des Gebäudes hat man einen weiten Blick über die Bergstadt. Der prächtige Renaissancesaal im Inneren des Gebäudes dient heute als Empfangssaal der Stadt. Alte, auf Handbetrieb eingestellte Eisenkräne, Straßennamen (Am Kanal, Am Kranen) und die verwitterte Schleuse des Nonnengrabens erinnern daran, daß hier einst der **Ludwig-Donau-Main-Kanal** seinen Endpunkt hatte. Von König Ludwig I. von Bayern angeregt, wurde der Kanal 'zur Förderung des Binnenhandels' 1836–46 auf der 178 km langen Trasse Kelheim-Bamberg mit rd. 100 Schleusen erbaut. Schon bei seiner Eröffnung bekam der Kanal die Konkurrenz der seit 1844 betriebenen Eisenbahn Nürnberg-Bamberg zu spüren, die Schiffahrt litt zudem unter den vielen Schleusen nebst dem zu knapp bemessenen Profil. Seit dem Ausbau des Großschiffahrtsweges Main-Donau (vgl. S. 51) ist der Kanal trockengelegt und aufgelassen, aber in der Landschaft südlich der Stadt stellenweise noch erkennbar. Einige der Schleusenwärterhäuser und Wegebrücken aus Sandstein werden als technische Kulturdenkmale des Biedermeier erhalten.

Über Obere oder Untere Brücke gelangt man über den Obstmarkt zum **Grünen Markt.** Dieser Teil der Stadt, der auch die beiden Brücken, die Jesuitenstraße, den Maximiliansplatz, teilweise die Hauptwachstraße, Fr.-Ludwig-Straße und die Dominikanerstraße mit einschließt, ist Fußgängerzone. Der Grüne Markt veranschaulicht besonders deutlich den barocken Charakter der Bürgerstadt. Rechts, an der Ecke der Keßlerstraße, steht das wohl bekannteste Werk des Bildhauers J.K. Metzner, der 'Gabelmann' (1698). Dieser barocke *Neptunbrunnen,* auf dessen Steinumrandung man sitzen kann, ist ein beliebter Treffpunkt.

Die **St.-Martins-Kirche,** deren repräsentative, in die Straßenwand einbezogene Fassade den Grünen Markt weithin beherrscht, wurde 1686–93 für das Jesuitenkollegium erbaut. Ihre Pläne entwarf Georg Dientzenhofer, sein Bruder Joh. Leonhard führte sie aus. Zwei übereinander gestellte Triumphbogenmotive beherrschen die plastisch tief gegliederte Fassade. Der 1696 vollendete Turm (55 m; Ausblick) steigt in ansprechender Gliederung aus dem Chorrund auf. Nach Aufhebung des Jesuitenordens 1773 war sie eine Zeitlang  Universitätskirche, 1804 wurde ihr das Patrozinium der damals abgerissenen Unteren Pfarrkirche zu St. Martin auf dem Maximiliansplatz (s. S. 47) übertragen.

Inneres. Hier wird das großzügige Raumbild des 50 m langen und bis zur Stichkappentonne 23 m hohen Kirchensaals von der reichen Spätbarockausstattung überlagert. Beherrschend ist der zusammen mit den beiden Seitenaltären als mächtige Prunkwand aufgebaute Hochaltar, eine glanzvolle Stuckmarmorarbeit des Italieners Giov. Battista Brenno (1701–10). Sein Landsmann G. F. Marchini hat 1714 die flache Vierungskuppel in illusionistischer Art mit einer Phantasiearchitektur bemalt. Die gotische Vespergruppe (um 1340) in der Nische des Marienaltars wurde schon in der alten Martinskirche verehrt; das eigentliche Gnadenbild 'Maria Trost', eine kleine Alabasterfigur des 16. Jh.s, steht darunter.

An St. Martin schließen sich die Gebäude des ehemaligen *Jesuitenkollegs* an. Sie gruppieren sich um einen idyllischen, langgestreckten Innenhof. Hier sind heute u.a. die Vorlesungs- und Verwaltungsräume der Universität (Fachbereiche Katholische Theologie, Sprach- und Literaturwissenschaften) sowie das **Naturkundemuseum** untergebracht. In einem frühklassizistischen Saal ließ Fürstbischof Franz Ludwig von Erthal bereits 1793–95 ein Naturalienkabinett einrichten. Später kamen noch zahlreiche Objekte aus dem aufgelösten Kloster Banz hinzu. Zu sehen sind u.a. Präparate seltener Tiere, Fossilien, diverse Gesteinsarten und Mineralien. Öffnungszeiten s. S. 15. – An der Straßenfront des Jesuitenkollegs gedenkt eine Tafel des um die gregorianische Kalenderreform verdienten Jesuitenpaters Christoph Clavius (1583–1613).

Eines der schönsten barocken Wohnhäuser Bambergs ist das Joh. Dientzenhofer zugeschriebene **Raulinohaus,** Grüner Markt 14, ein verhältnismäßig zurückhaltend dekorierter Sandsteinbau von 1711 mit kunstvoll geschmiedeten Oberlichtgittern. Die von dem Tuchfabrikanten Raulino 1764 eingerichteten Läden wurden später umgestaltet.
Um die Ecke, Lange Straße 3, trägt der gestufte Blendengiebel vom 'Haus zum Saal' noch gotische Züge; die traufseitige Fassade und das aufwendige Wappenportal, das eine Immakulata (Marienbild) krönt, kamen 1717 vor den Kernbau des 14./15. Jh.s, in dem Wallenstein 1632 logierte (Tafel). Haus Nr. 37 hat der fürstbischöfliche Hofbaumeister J. J. M. Küchel 1739 erbaut und 30 Jahre lang bis zu seinem Tode bewohnt. – Ganz in der Nähe zwei interessante Hauszeichen, vortrefflich gearbeitete Steinreliefs mit frühen Darstellungen exotischer Tiere: am Fachwerkeckhaus Generals- und Habergasse ein Elefant (1582), am neuen Hause Keßlerstraße 9 ein Kamel von 1589. Das Wohnhaus von Justus Heinrich Dientzenhofer, dem jüngsten Sproß der Bau-

meisterfamilie, befindet sich an der Nonnenbrücke 1 (Schillerplatz).

An den Grünen Markt schließt sich nördlich der **Maximiliansplatz** an, nach König Max I. Joseph von Bayern benannt. Zwei von Balthasar Neumann einheitlich entworfene und 1732—35 von Just. Heinr. Dientzenhofer und J.J.M. Küchel gleichzeitig ausgeführte Baugruppen beherrschen den weitläufigen Platz: südlich das ehemalige *Katharinenspital* (heute in Privatbesitz) und nördlich das einstige Priesterseminar, seit 1933 *Rathaus* der Stadt (Rathaus I). Es wurde 1938 nach Nordwesten im hochbarocken Palaisstil des Altbaues erweitert. Die Steinpfeiler mit den schöngeformten Ziervasen an den Gebäudeecken sind Überbleibsel eines Gitters, das den Friedhof der 1804 auf diesem Platz stehenden alten St.-Martins-Kirche gegen die Straße abschloß. An der Vorderseite des Platzes wird ein *Brunnendenkmal* des Königs Max Joseph I. von den Statuen der Stadtheiligen Heinrich II., Kunigunde und Otto sowie König Konrads III. umringt. Es wurde 1888 von Ferd. v. Miller geschaffen. Neben einem modernen Brunnen an der Rückseite des Platzes ist ein Grundriß der alten St.-Martins-Kirche angebracht. Auf dem Maxplatz findet auch der tägliche Obst- und Gemüsemarkt statt. In der Hauptwachstraße, die vom Maximiliansplatz nördlich zur Kettenbrücke führt, steht an der Ecke Promenadenstraße die frühere Hauptwache von 1774, deren Erdgeschoßarkaden früher offen waren. Hier ist heute das Städtische Fremdenverkehrsamt untergebracht.

Durch die Promenadenstraße gelangt man zum Schönleinsplatz, mit einem Büstendenkmal von K. Zumbusch (1874) für den in Bamberg geborenen und verstorbenen Arzt Joh. Lukas v. Schönlein. Über die Straße Zinkenwörth erreicht man schließlich den Schillerplatz. Unter den Häusern des 18. Jh.s an seiner Westseite stehen als schmalstes (Nr. 26) das nur zwei Fenster breite **E.T.A. Hoffmann-Haus.** Hier bewohnte der Dichter 1809–13 den zweiten Stock und die Mansarde (Poetenstübchen). Entstanden sind in diesem "musikalisch-poetischen Laboratorium" u. a. der 'Don Juan' sowie die Opern 'Dirna' und 'Aurora', die Komposition der Oper 'Undine' hat er hier begonnen. Hoffmanns Wohnung ist seit 1924 als Museum eingerichtet. Ausgestellt sind Erstausgaben, Graphiken und Noten Hoffmanns sowie Illustrationen zu seinen Werken. Öffnungszeiten s. S. 14.

Schräg gegenüber liegt seine einstige Wirkungsstätte, das nach ihm benannte, 1808 errichtete **E.T.A. Hoffmann-Theater,** in dem er zeitweise zugleich als Komponist, Regisseur, Bühnenmaler und Maschinenmeister tätig war. Hier finden von September bis Juli Schauspielaufführungen mit eigenem Ensemble statt. Für Oper und Operette werden Gastspiele auswärtiger Bühnen gegeben.

Über die Richard-Wagner-Straße gelangt man zur Hainstraße, in der auch das 1902–05 erbaute *Staatsarchiv* liegt. Es zeigt u.a. eine umfangreiche Sammlung des ehemaligen Hochstifts Bamberg und der ehemaligen Markgrafschaft Brandenburg-Kulmbach sowie der Ritterschaftskantone Gebirg und Steigerwald.

Ebenfalls in der Hainstraße befindet sich das **Karl-May-Museum.** Zu sehen ist – neben dem Arbeitszimmer des Abenteuer-Schriftstellers – eine Sammlung indianischer Waffen und Werkzeuge. Öffnungszeiten s. S. 15.

Das hübsche **Hain-Gebiet** im äußersten Süden der Inselstadt lohnt besonders wegen seines alten Baumbestandes (vorwiegend Eichen) einen Spaziergang. Es wurde 1803 aus einem Auenwald der Regnitz im Stil eines englischen Parks angelegt. Der Theresienhain (Waldsportpfad) am linken Flußarm findet südlich seine Fortsetzung im Luisenhain (Botanischer Garten). Er nimmt die ganze Fläche der Inselspitze zwischen den beiden Regnitzarmen ein. Dem Südende des Hains gegenüber, jenseits der Regnitz und 4 km von der Stadtmitte entfernt, liegt der Stadtteil Bug ("Buch" ausgesprochen). Hier ist vor allem das *Missionsmuseum* (Schloßstr. 30) sehenswert, mit Exponaten zu Kultur, Geschichte und Landschaft Indiens und Südamerikas. Öffnungszeiten s. S. 15.

Stadtbesichtigung 3: Die Altenburg

Der Weg zur Burg führt ca. 3 km mit dem PKW über die steile Altenburger Straße (südwestlich des Domplatzes). Es gibt auch einen Fußweg, der allerdings ebenfalls steil bergan führt, dafür aber durch den *Vierkirchenblick (St. Michael, Dom, Obere Pfarrkirche und St. Stephan) von der westl. nahebei gelegenen Unteren Seelgasse entschädigt. Haltestelle des Linienbusses für die Altenburg (Linie 10 ab ZOB) ist Rennersteig.

Die auf dem höchsten Berg der 'sieben Hügel' Bambergs, einem freistehenden Bergkegel, thronende **Altenburg** (386 m) wird unter diesem Namen bereits 1109 als Besitz des Kollegiatstifts St. Jakob urkundlich erwähnt. Seit 1251 Bischofsresidenz und Trutzburg gegen die Bürgerschaft, wurde sie im sog. Markgrafenkrieg 1553 durch Albrecht Alcibiades von Brandenburg-Kulmbach fast vollständig zerstört.

Wesentliche Teile der äußeren Ringmauern und der 33 m hohe Bergfried des 13. Jh.s (165 Stufen; weiter Blick über die Stadt und ihre Umgebung) sind jedoch erhalten. Der am Turm hängende Eisenkorb diente früher der Übermittlung von Feuersignalen zur etwa 20 km von Bamberg entfernten Giechburg bei Scheßlitz.

Anstelle des Palas steht ein Neubau von 1902 (Restaurant, Ferienwohnung). Im Torhaus des 16. Jh.s befindet sich eine Kapelle (1836 geweiht), eine neugotische Schöpfung Karl Alexander v. Heideloffs, mit alten Grabsteinen aus der ehem. Dominikanerkirche.

Vor der Burg eine große steinerne Kreuzigungsgruppe (1. Hälfte des 18. Jh.s), ein Hauptwerk des Bildhauers Georg Adam Reuß.

Stadtbesichtigung 4: Theuerstadt, Bahngebiet, Gartenstadt

St.-Gangolfs-Kirche – Gärtner- und Häckermuseum – Hl. Grabkirche – Grönningerkapelle – Hafen – St.-Kunigunden-Kirche

Vom Maximiliansplatz und der Hauptwachstraße führt die Kettenbrücke über den rechten Regnitzarm und zur Königstraße. Zahlreiche alte Schilder an den Wirtschaften künden hier noch davon, daß diese Straße einst die wichtigste Durchgangsstraße für Reisende war.

Keimzelle der Stadtteile östlich der kanalisierten Regnitz ist die wohl schon vor der Gründung des Bistums aus einer slawischen Siedlung an der alten Nordsüd-Handelsstraße erwachsene Theuerstadt mit der **St.-Gangolfs-Kirche** (Pl. I C 1) als Mittelpunkt. Die 1058–63 für ein Kollegiatstift errichtete Basilika ist die älteste Kirche in Bamberg; Langhaus und Querschiff zeigen noch fast unverändert die Formen der Entstehungszeit. Die massigen Doppeltürme, unter dem hl. Bischof Otto spätromanisch begonnen, erhielten um 1400 gotische Obergeschosse und 1671 die Zwiebelhauben. Das ursprünglich dreischiffige Langhaus wurde durch seitliche Kapellenreihen auf fünf Schiffe erweitert, der romanische Chor Ende des 15. Jh.s spätgotisch erneuert.

Inneres
Von der Innenausstattung blieben wegen einer Stilbereinigung um 1850 nur noch das Chorgestühl und die Altäre von Johann Georg Mutschele und seinen Söhnen Bonaventura Joseph und Martin, deren ehemaliges Wohnhaus in unmittelbarer Nähe der Kirche steht (Theuerstadt 7), sowie das Vierungsgemälde des J.J. Scheubel d. Ä. übrig. Die Kanzel schuf B. Kamm 1786, sie kam erst 1938 aus der Katharinenspitalkirche hierher. Die gotische Muttergottes stand früher in der ehemaligen Franziskanerkirche.

Südlich von St. Gangolf, am Kunigundendamm (Pl. C 2), ragt der schlanke Campanile der ev. *Erlöserkirche* auf, die German Bestelmeyer (München) 1930–33 als zentrales Zehneck erbaute. Der Kruzifixus über dem Altar, eine beachtliche Arbeit der Zeit um 1580, kam aus Ansbach.
Die Mittelstraße liegt in der Gärtnerei, dem alten Wohnviertel der Bamberger Gärtner, die über Jahrhunderte wegen ihres Süßholzwurzelanbaus berühmt waren. In den Innenhöfen der

idyllischen Häuserzeilen werden heute vorwiegend Blumen, Spargel und Gemüse angebaut. Das **Gärtner- und Häckermuseum** im Haus Nr. 34 vermittelt mit Möbeln, Gerätschaften und Dokumentationen einen Einblick in die Geschichte des Gärtner- und Häckerhandwerks in Bamberg. Ergänzt wird die Sammlung durch eine Trachtenausstellung auf dem Dachboden. Öffnungszeiten s. S. 15.

Die **Hl. Grabkirche** in der Klosterstraße (Pl. C 1) ist der allein erhaltene Altbau eines 1356 gestifteten, 1803 aufgehobenen und erst 1926 dem Dominikanerorden zurückgegebenen Frauenklosters. Das von Mauern umschlossene Kirchlein ist ohne alte Ausstattung, abgesehen von zwölf Bildern des 17. Jh.s mit Szenen aus der Gründungslegende des Klosters, die einen Hostienraub in der alten Martinskirche zum Inhalt hat.

Die nahegelegene **Gönningerkapelle,** Siechenstr. 86 (Pl. nördl. B 1), empfing ihren Namen von einem aus der Schweiz zugewanderten Bürger, der 1761–68 die Gnadenkirche seines Geburtsortes Einsiedeln als Friedhofskapelle nachschaffen ließ. Die Fassade ist sehr effektvoll aufgebaut und klingt mit monumentalen Heiligengestalten beiderseits des gekrönten Giebels aus. Der Gönningerkapelle gegenüber, Siechenstr. 75, steht wuchtig und behäbig unter mächtigem Mansardendach das ehem. *Jagdzeughaus;* 1737/38 von Joh. J. M. Küchel (möglicherweise beeinflußt von Joh. L. v. Hildebrandt aus Wien) für den Fürstbischof Friedrich Carl v. Schönborn errichtet.
In der Nähe steht die 1912–14 erbaute *St.-Otto-Kirche,* die Pfarrkirche des Bahngebiets.

Westlich markieren hohe Silotürme den 1962 an der nördlichen Stadtgrenze eröffneten **Hafen,** der im Zuge des Ausbaues der Regnitz zum 'Main-Donau-Kanal' an die Stelle des unzulänglich gewordenen Prinz-Ludwig-Hafens von 1912 trat.
Der **Main-Donau-Kanal** führt seit seiner Eröffnung 1992 vom Main bei Aschaffenburg bis zur Donau bei Regensburg. Seitdem ist der Kanal für Schiffe bis zu 1500 t
mit einer jährl. Verkehrsleistung von 32 Mio. t. zweibahnig befahrbar. Der Bamberger Hafen hat zwei 700 und 1000 m lange, rd. 100 m breite Becken und ist auf einem Jahresumschlag von 3,2 Mio. t eingestellt. Die Vollendung der Main-Donau-Verbindung schuf eine transkontinentale Binnenwasserstraße, die von der Nordsee bis zum Schwarzen Meer reicht.

Südlich der Pödeldorfer Straße, am Rande des Hauptsmoorwaldes, liegt das 1926 erbaute *Sportzentrum* mit einem Stadion für 30 000 Personen, Leichtathletikanlagen, Rollschuh- und Radrennbahn, Reit-, Fußballplatz, Freibad etc. (Jugendherberge). Die Memmelsdorfer Straße (B 22 nach Bayreuth) im Nordosten der Stadt führt an den Neubauten der Universität (mit den Fakultäten Pädagogik, Philosophie, Psychologie, Sozial- und Wirtschaftswissenschaften sowie Sozialwesen) vorbei zu einem jüngeren Wohngebiet Bambergs, der **Gartenstadt.** Den Hochaltar der dortigen, 1953 von Jos. Lorenz erbauten *St.-Kunigunden-Kirche* krönt eine Kopie des Isenheimer Altars, den der in Würzburg geborene Matthias Grünewald 1512–15 für die Antoniter-Klosterkirche in Isenheim (Elsaß) schuf. Er steht heute in Colmar.

Die Umgebung

*Schloß Seehof – Schesslitz – Staffelstein (Staffelberg) – Vierzehnheiligen – Kloster Banz – Schloß Weißenstein bei Pommersfelden - Kloster Ebrach

Bamberg ist ein guter Ausgangspunkt für Ausflüge in die landschaftlich sehr reizvollen Naturparks Steigerwald und Fränkische Schweiz. Auch kunsthistorisch interessante Bauwerke liegen fast 'vor der Tür', von denen vor allem Schloß Weißenstein in Pommersfelden, Kloster Banz und die Wallfahrtskirche Vierzehnheiligen hervorzuheben sind.

*Schloß Seehof** liegt ca. 3 km nordöstlich der Stadt bei Memmelsdorf. Die vierflügelige barocke Anlage ist durch eine 1738 von Küchel errichtete Toranlage mit Wachthäusern zugänglich, deren plastischen Schmuck J.P. Benkert schuf.

Den Schloßbau selbst, die 'Marquardsburg', hat Stiftsbaumeister Antonio Petrini 1687–95 als Sommerresidenz für den Fürstbischof Marquard Sebastian Schenk v. Stauffenberg errichtet. Die Architektur des Jagd- und Lustschlosses folgt dem Typus eines kastellförmigen Baus mit vier markanten Eckpavillons. In Anlehnung an das Aschaffenburger Schloß ist diese Anlage streng symmetrisch gestaltet mit vier im Quadrat um einen Arkadenhof gereihten Flügeln, deren Ecken geduckte Türme unter Kuppelbauten betonen. Die Ausstattung der *Repräsentationsräume* im Innern des Gebäudes wurde größtenteils Anfang des 18. Jh.s nach Plänen von B. Neumann und J.J.M. Küchel geschaffen. Im Rokoko-Festsaal im Obergeschoß Stuckreliefs von F.A. Decourt und ein an die Decke gemalter 'Götterhimmel' von Giuseppe Appiani (1752). Die einst vielbewunderte Pracht des *Schloßparks,* mit von Wasserkünsten belebten Grotten, Kaskaden und Fontänen, wird mit Sorgfalt wiederherzustellen versucht. Von den nahezu 400 Rokokoplastiken, die Ferdinand Tietz und seine Gesellen 1748–73 als Schmuck des Gartens schufen, sind nur wenige, aber hervorragende Skulpturen von der Hand des Meisters (Herkulesgruppe) erhalten geblieben. Die meisten wurden bei der Säkularisation 1803 zerstört oder verkauft. Der Park ist täglich geöffnet, die Repräsentationsräume sind von Mai bis Oktober bei Führungen zu besichtigen.

Das Städtchen **Schesslitz** (ca. 18 km nordöstlich von Bamberg an der Bundesstraße 505) weist noch eine Reihe schöner Fachwerkhäuser auf, darunter das ehem. *Zunfthaus* der Brauer und Büttner von 1662 (Hauptstr. 33), mit bekuppeltem Erker und reicher Schnitzerei. Die Pfarrkirche *St. Kilian* entstand im 15. Jh., das Rippengewölbe fügte Giovanni Bonalino 1623-24 hinzu. Der Turm ist von 1571. Besonders beachtenswert sind unter der barocken Ausstattung der Kirche der Hochaltar und die Kanzel von Bernhard Kamm.
Die in der zweiten Hälfte des 18. Jh.s von J.J.M. Küchel gebaute *Spitalkirche St. Elisabeth* ist besonders wegen ihrer prächtigen Rokokoausstattung von Martin Mutschele sehenswert.
Südlich der Stadt erhebt sich die (restaurierte) Ruine der *Burg Giech*. Der gequaderte Burgfried stammt aus dem 13. Jh., die Türme und Bastionen sowie die Wohnbauten entstanden um 1600 (Restaurant). Gegenüber die *Gügel-Kapelle*, die ebenfalls auf eine Burg (15. Jh.) zurückgeht. Sie wurde 1620 nachgotisch umgebaut. Im Inneren u.a. ein Hochaltar von 1630, mit einem Gemälde von Wolf Fugker (Himmelfahrt Mariens) und im Chor die Statuen der Nothelfer von Michael Kern.

Staffelstein, mit seinen reizvollen alten Fachwerkhäusern, erstreckt sich in der reizvollen Landschaft des Oberen Maintals (ca. 25 km nördlich von Bamberg, an der Bundesstraße 173). Die Stadt ist vor allem wegen des hier geborenen Rechenmeisters Adam Riese (1492—1559) bekannt. Der hübsche *Marktplatz* wird von Fachwerkhäusern aus der zweiten Hälfte des 17. Jh.s umringt. Hier steht auch das prächtige **Rathaus,* ein spätgotischer Bau mit Fachwerkobergeschossen von 1687. Über der Uhr am Zwerchhaus prangt das Wappen des Hochstifts Bamberg.
Im *Heimatmuseum,* am Kirchplatz 14, sind geologische Funde der Ur- und Frühgeschichte der Stadt und ihrer Umgebung ausgestellt. Besondere Abteilungen widmen sich dem Leben und der Arbeit von Adam Riese sowie dem Dichter Joseph Viktor von Scheffel, der einige Monate im Kloster Banz weilte und dort unter dem Eindruck der Landschaft die fränkische 'Hymne' "Wohlauf, die Luft geht frisch und rein" schrieb.

Der aussichtsreiche **Staffelberg** (539 m) erhebt sich südöstlich der Stadt als Ausläufer des Fränkischen Jura hoch über dem Maintal. Auf seiner Hochfläche entdeckt man neben den Resten von Wällen einer keltischen Abschnittsbefestigung eine kleine *Wallfahrtskapelle*. Sie wurde 1654 der Äbtissin Adelgundis geweiht, die sich besonders um Geschwulstkranke bemüht hatte, schließlich dann selber an dieser Krankheit starb. Sechs Votivtafeln im Inneren der Kapelle erzählen das Leben der Äbtissin. Neben der Kapelle lebte bis Anfang des 20. Jh.s ein Einsiedler (Heute Gaststätte 'Eremitenklause'). Der Rundblick vom Staffelberg reicht vom Steigerwald über die Rhön bis hin zum Fichtelgebirge, Frankenwald und Thüringer Wald.

Die ****Wallfahrtskirche Vierzehnheiligen** steht etwas abseits der Bundesstraße 173, etwa 2 km von Staffelstein. Sie zählt zu den bedeutendsten Kirchenbauten des Barock.
Der Gutshof Frankenthal, auf dessen Grund die Basilika gebaut wurde, gehörte den Zisterziensern des Klosters Langheim, das 1152 von Bischof Otto dem Heiligen gegründet worden war. Ein Schäfer hatte 1445 und 1446 mehrmals an der Stelle, wo heute der Gnadenaltar steht, Erscheinungen: Er sah einen leuchtenden Knaben mit vierzehn anderen Kindern, die ihn aufforderten, hier eine Kapelle zu bauen. Der Schäfer hielt sie für die vierzehn Nothelfer. Bereits 1448 wurde diese Kapelle geweiht, die in den kommenden Jahrhunderten zu einer vielbesuchten Wallfahrtsstätte wurde. Der Abt von Langheim gab 1735 dem Baumeister Gottfried Heinrich Krohne den Auftrag, eine neue Kirche zu bauen. Seine Pläne wurden jedoch vom Bamberger Bischof Friedrich Carl von Schönborn verworfen. Der Bischof beauftragte schließlich Balthasar Neumann mit dem Neubau, dessen Grundsteinlegung 1741 erfolgte. Krohne, nach wie vor Bau-

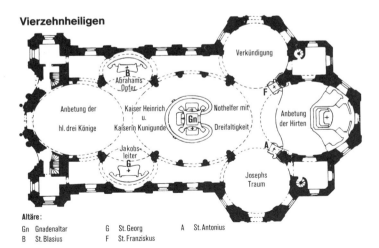

führer, änderte eigenmächtig die Pläne Neumanns, so daß der Gnadenaltar, der ursprünglich in die Vierung gelegt werden sollte, in der Mitte des Schiffes aufgestellt werden mußte. So entstand durch Änderung der ursprünglichen Baupläne die heutige glanzvolle Raumlösung.
Herzstück der Kirche, die sich als kreuzförmige Basilika über dem bewegten Grundriß von einander berührenden Kreisen und Ellipsen erhebt, ist der freistehende *Gnadenaltar,* ein feingegliederter, figurenreicher Rokokoaufbau von 1768 über dem glasbedeckten Erdenfleck, wo 1445 die vierzehn Nothelfer dem Langheimer Schäfer erschienen waren (Fest am vierten Sonntag nach Ostern). Küchel, Neumanns Bauleiter, zeichnete den Altar. Ausgeführt wurde er von den Brüdern Joh. Michael und Franz Xaver Feichtmayr sowie von Joh. Georg Übelher, Stukkateure aus Wessobrunn, denen auch die anderen Altäre, die prächtige Kanzel und die feine Stuckzier des von Giuseppe Appiani 1764–70 ausgemalten, lichterfüllten Kirchenraumes zu verdanken sind. Architektur und Plastik, Farbe und Licht bilden einen vollendeten Zusammenklang jubelnder Freunde.

Das ***Kloster Banz** (421 m) erhebt sich weithin sichtbar auf einem bewaldeten Höhenzug über dem Main, nur 5 km von Vierzehnheiligen entfernt. Die seit dem 10. Jh. bestehende Höhenburg der Schweinfurter Grafen verwandelte 1069 die Gräfin Alberada, Tochter des letzten 'Markgrafen' von Schweinfurt, in ein Benediktinerkloster, das sie 1071 dem Bamberger Bischof übergab. Von der ersten Kirche, die 1114 von Bischof Otto I. geweiht wurde, ist nichts übriggeblieben. Erst nach dem Dreißigjährigen Krieg baute Leonhard Dientzenhofer 1698–1708 eine neue Klosteranlage. Nach seinem Tod begann sein Bruder Johann mit dem Bau der Kirche, die man als sein Hauptwerk bezeichnen kann. Zwischenzeitlich im Besitz Herzog Wilhelms in Bayern, fiel das Kloster 1933 an die Gemeinschaft von den hl. Engeln und ist seit 1978 Eigentum der Hanns-Seidel-Stiftung.

Führungen durch die Kirche finden von Mai bis Oktober täglich außer samstags von 9–12 und von 14–17 Uhr statt.
Langhaus und Zentralraum sind nach Ideen des Oberitalieners Guarini zu einer für die Zeit des deutschen Spätbarock völlig neuartigen Einheit verschmolzen: "Das typische Schema der Barockkirche ist nur im allgemeinsten beibehalten. Die gerade

Linie ist im Grundriß völlig aufgegeben, die Pilaster stehen deshalb schräg und die Gewölbegurten folgen ihrer Richtung. Für das Auge unmittelbar faßbar ist der geometrische Einteilungsgrund nicht und soll es auch nicht sein. Nur um Einheit im malerischen Sinne handelt es sich, und auch nur für einen einzigen Standpunkt (beim Eintritt in die Kirche) ordnen sich die Linien vollkommen zu dem erstrebten Bilde; hier aber ist es in hohem Grade harmonisch und großartig, in der Wirkung noch dadurch erhöht, daß die Lichtöffnungen unsichtbar sind." (Dehio). Die überwältigende Pracht der üppigen Ausstattung beruht auf den Stuckarbeiten Joh. Jak. Vogels und dem von Balthasar Esterbauer geschaffenen plastischen Schmuck der prunkvollen Altäre und der Kanzel; die farbensatten Deckenfresken sind mutmaßlich von Melchior Steidl (vgl. S. 38). Im langgestreckten Mönchschor hinter dem Hochaltar vortrefflich geschreinertes Gestühl (um 1750) mit meisterlichen Intarsienbildern der Benediktlegende aus verschiedenfarbigen Hölzern, Elfenbein, Perlmutt und Silber.

Banz

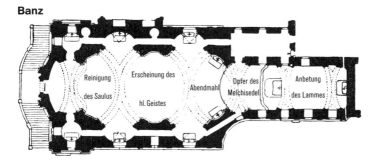

In den ehemaligen Wirtschaftsgebäuden unterhalb der Abtei, die 1752 von Balthasar Neumann begonnen und nach seinem Tod von J.J.M. Küchel vollendet wurden, befindet sich eine **Petrefaktensammlung.** Besondere Attraktion ist die Versteinerung eines Ichthyosaurus, die Viktor von Scheffel 1857 studiert und zu seinem Gedicht "Es rauscht in den Schachtelhalmen" angeregt hat. (Geöffnet März bis Oktober Mo-Sa 9–12 und 13–17 Uhr, an Sonn- und Feiertagen 10–17 Uhr).

Schloß Weißenstein bei Pommersfelden liegt ca. 21 km südwestlich von Bamberg, etwas abseits der Bundesstraße 505. Es wurde 1711–18 als privater Sommersitz für den Mainzer Kurfürsten und Bamberger Fürstbischof Lothar Franz v. Schönborn erbaut, dem 1710 nach dem Aussterben der Truchsesse von Pommersfelden deren Herrschaft zugefallen war. Entwurf und Ausführung des stolzen Baues lagen in den Händen von Joh. Dientzenhofer; ihm standen der kurmainzische Baudirektor Maximilian v. Welsch und der große Wiener Architekt Joh. Lukas v. Hildebrandt, vor allem aber der kunstbegeisterte Bauherr selbst, beratend und einflußnehmend bei.

Den hufeisenförmig in großen Verhältnissen angelegten, hellen Sandsteinbau beherrscht, weit in den Ehrenhof vorgerückt, ein prunkender Mittelpavillon. In seiner Höhenwirkung wird er gesteigert durch den niedrigen Trakt des *Marstalls*, den v. Welsch 1714–18 mit kurvig einschwingender Front dem Schloß gegenüber setzte. Auch die Eckpavillons der Seitenflügel sind dem Hauptbau untergeordnet. Diesen füllt zu zwei Dritteln ein großartiges *Treppenhaus,* das zu den berühmtesten der barocken Architektur zählt. Die Grundidee stammt von Lothar Franz, der es als "von meiner Invention und mein Meisterstück" bezeichnete; die Gestaltung der doppelarmigen Treppe und der umlaufenden Galerien in den beiden Obergeschossen ist Hildebrandt zuzuschreiben. Das Deckenfresko mit den vier (damals bekannten) Erdteilen malte Joh. Rud. Byss; die Stukkaturen sind von Daniel Schenk, Ziervasen und Figuren von Burkard Zamels.

Der *Gartensaal* (Muschelsaal) im Erdgeschoß ist grottenmäßig verziert, überlebensgroße Stuckfiguren von Zamels symbolisieren die Elemente und die Jahreszeiten; die Nebensäle sind von G. F. Marchini mit perspektivischen Scheinarchitekturen freskiert. Darüber liegt der *Marmorsaal,* den man durch das in der Kuppel zur oberen Galerie geöffnete Vestibül betritt. Der 20 m breite und 15 m tiefe Saal nimmt, 15 m hoch, zwei Stockwerke ein. Doppelsäulen und Pilaster aus rotem Stuckmarmor gliedern die Wandflächen; das 1717 von Joh. Mich. Rottmayr virtuos gemalte Deckenbild verherrlicht den Sieg der Tugend über die Laster. – Von den glänzend ausgestatteten Räumen der 'Kurfürstlichen Wohnung' verdient das *Spiegelkabinett* mit erlesenen Nußbaumpaneelen und kostbar eingelegtem Fußboden besondere Beachtung.

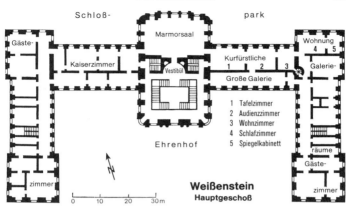

Im ersten Stock des rechten Seitenflügels befindet sich eine **Gemäldegalerie** mit rund 600 Bildern in 17 Räumen, vor allem Niederländer, ferner Italiener und Deutsche des 17. und 18. Jahrhunderts. Besonders hervorzuheben sind: P. Breughel d.J., Sprichwörter; G. v. Honthorst, Satyr und Nymphe; Jak. Jordaens, Nymphen und Satyrn bei der Obsternte; Jan von Goyen, Landschaft; Ph. Wouvermann, Reitergefecht; A. van Dyck, hl. Martin; F. Bol, hl. Cäcilie; B. van der Helst, vornehme Dame; Fr. v. Miers d. J., galante Gesellschaft; Paulus Potter, Tierstück; Veronese, Mädchen; Rubens, Caritas.

Die *Bibliothek* enthält 23 000 Bände des 15.–19. Jh.s, eine kleine Papyrussammlung und 400 Handschriften.

Der von M. v. Welsch in französischer Manier mit viel Plastik und Kleinarchitektur angelegte Terrassengarten wurde ab 1786 zu einem englischen *Landschaftspark* umgestaltet und mit Damwild besetzt.

Das ehemalige *Kloster Ebrach (ca. 35 km südwestlich von Bamberg an der Bundesstraße 22) war die erste Zisterzienserabtei Frankens. Sie wurde 1127 auf dem Grund des fränkischen Edelfreien Berno gegründet und vom burgundischen Stammkloster Morimond beschickt. Berno selber trat später ebenfalls in das Kloster ein.

Die ehemalige **Klosterkirche,* "der großartigste frühgotische Bau, den Deutschland hervorgebracht hat" (Dehio), wurde zwi-

schen 1200 und 1285 als dreischiffige Basilika auf kreuzförmigem Grundriß mit flach geschlossenem Chor und zwölfteiligem Kapellenkranz errichtet. Im Gegensatz zur Strenge des nahezu unveränderten Außenbaus wurde der einstmals karge Innenraum zwischen 1770 und 1780 von dem Stukkateur Materno Bossi einer Veränderung im Stil des französischen Klassizismus unterzogen. Der mächtige Hochaltar sowie der Stuckmarmor-Altar und die Altäre des Langhauses stammen ebenfalls von Bossi. Giovanni Battista Brenno schuf 1696 die Szene des 'Pfingstwunders' über der Sakristeitür im südlichen Flügel des Querschiffes, ebenso wie den Johannesaltar (1693) der ersten nördlichen Querschiffkapelle. Der älteste Altar, der dem hl. Bernhard geweihte Renaissancealtar im Querschiff, geht auf den Nürnberger Meister Veit Dimpel (1626) zurück.

Im Mittelschiff steht ein reich mit Holz- und Alabasterreliefs verziertes Chorgestühl (1782–84), von Johann Peter Wagner entworfen. Den mittleren Teil des prächtigen Gitters, das ursprünglich den Chor vom übrigen Langhaus abtrennte, schuf der Würzburger Hofschlosser Johann Georg Oegg.

Frühester Bauteil der Kirche ist die nahezu unverändert erhaltene, mit Kelchkapitellen und Kleeblattarkaden geschmückte *Michaelskapelle* am nördlichen Querschiff. Sie ist von einem Rippengewölbe überdacht.

Südlich an die Kirche schließt sich eine barocke *Klosteranlage* an (heute Jugend-Strafvollzugsanstalt), mit deren Bau Joh. Leonh. Dientzenhofer 1687 begann (östliche Flügel). J. Greising fuhr 1716 mit dem Bau nach Plänen von Balthasar Neumann fort. Damals entstanden der Empfangsbau, der große Ehrenhof und der Festsaalbau.

Besonders sehenswert ist das ebenfalls auf Neumann zurückgehende *Treppenhaus* im Empfangsbau, dessen Vorbild sich in Schloß Pommersfelden befindet. Das Deckenfresko malte J. D. Remele 1712–22. Den *Kaisersaal* (Festsaal) mit Pilastern und Dreiviertelsäulen aus rötlichem Stuckmarmor schmückt eine Stuckdekoration von G. Hennicke aus Ornamenten, Figuren und Pflanzen.

Die Außenanlagen wurden im letzten Jahrhundert stark verändert. Allein sehenswert ist hier der *Brunnen* mit der Gruppe des Herkules-Antäus des Würzburger Meisters Jakob van der Auvera (1747).

Öffnungszeiten: Kirche April bis Oktober Mo–So 9.30–11.30 und 14–18 Uhr. Treppenhaus und Kaisersaal sind bei Führungen Mo–So jeweils um 10.30 und 15 Uhr zugänglich.

SACHREGISTER

Zusammengefaßt sind Brunnen, Brücken, Denkmäler, Kirchen und Museen.

Alte Hofhaltung 27, 35
Altenburg 19, 25, 49

Bahngebiet 51
Bamberger Reiter 32
Bamberger
  Symphoniker 13, 21
Bischofsstadt 18, 29
Botanischer Garten 46
Böttingerhaus 42
Brücken
  Kettenbrücke 50
  Obere Brücke 44
  Untere Brücke 44
Brunnen
  Maximiliansplatz 47
  Neptunbrunnen 45
Bug 19, 48
Bürgerstadt 19, 44

Denkmäler
  Max Joseph I. 47
  Schönlein 47
Domherrenhöfe 38

Ebracher Höfe 42
Erzbischöfliches
  Palais 39

Gartenstadt 19, 52
Gartenvilla
  Concordia 43
Gaustadt 19
Geyersworth 18
Grüner Markt 45

Hafen 51
Hain 48
Hauptwache 47
E.T.A. Hoffmann-
  Haus 47

E.T.A. Hoffmann-
  Theater 48

Jagdzeughaus 51
Jesuitenkolleg 46

Kapitelhaus 35
Katharinenspital 47
Kirchen
  Dom 23, 26, 30
  Dominikanerk. 43
  Erlöserk. 50
  St. Gangolf 23, 27, 50
  St. Getreu 41
  Gönningerkapelle 51
  Hl. Grabkirche 51
  St. Jakob 23, 27, 39
  Karmelitenk. 41
  St. Kunigunde 52
  St. Martin 45
  Maternkapelle 41
  St. Michael 23,
    25, 26, 39
  Obere Pfarrkirche
    27, 41
  St. Otto 51
  St. Stephan 23, 26, 43
  Klein-Venedig 44
  Kloster Banz 56
  Kloster Ebrach 42, 59
  Kloster Michelsberg 21

Langheimer Hof 39
Ludwig-Donau-Main-
  Kanal 26, 45
Luisenhain 48

Main-Donau-Kanal
  45, 51
Maximiliansplatz 47

Museen
  Brauereimus. 40
  Diözesanmus. 35
  Gärtner- und
  Häckermus. 51
  Historisches Mus. 36
  E.T.A. Hoffmann-
  Haus 47
  Karl-May-Mus. 48
  Missionsmus. 48
  Naturkundemus. 46
  Staatsgalerie 38

Neue Residenz 28, 37

Pommersfelden 58

Rathaus I 47
Rathaus, Altes 24, 44
Raulinohaus 46
Regnitz 19, 48
Rosengarten 37

Schesslitz 54
Schloß Geyersworth
  27, 44
Schloß Seehof 53
Schloß Weißenstein 58
Sportzentrum 52
Staatsarchiv 48
Staatsbibliothek 38
Stadtarchiv 47
Staffelberg 54
Staffelstein 54

Theresienhain 48
Theuerstadt 19, 50

Universität 21, 52

Vierkirchenblick 49
Vierzehnheiligen 55

PERSONENREGISTER

Anwander, Joh. 44
Appiani, Giuseppe 53, 56
Auvera, Jakob van der 60

Bamberger Meister 30, 33
Benkert, Johann Peter 44, 53
Bonalino, Giovanni 43, 54
Bossi, Materno 60
Böttinger, Joh. Ignaz Tobias 28, 42
Brenno, Giovanni Battista 46, 60
Brickard, Servatius 40
Byss, Joh. Rudolf 58

Clemens II. 23, 33, 34, 35

Dientzenhofer, Georg 25, 28, 40, 45
Dientzenhofer, Johann 25, 28, 40, 43, 46, 56, 58
Dientzenhofer, Joh. Leonhard 25, 28, 37, 39, 40, 41, 45, 56, 60
Dientzenhofer, Just. Heinrich 47

Feichtmayr, Gebrüder 56
Friedrich II. 24, 26, 33

Hl. **G**eorg 18, 24, 30
Goldwitzer, Leonhard 40, 44
Grasser, Martin 40
Grünewald, Matthias 52

Hegel, G. W. F. 28
Heideloff, Karl Alexander v. 49
Heinrich II. 22, 26, 27, 30, 31, 35, 38, 47
Hildebrandt, Joh. Lukas v. 25, 51, 58
Hoffmann, E. T. A. 21, 28, 47

Kamm, Bernhard 50, 54
Karl IV. 24, 27
Katzheimer, Wolfgang 27
Konrad III. 23, 33, 34, 47
Kuchel, Joh. Jak. Michael 25, 28, 30, 37, 39, 40, 42, 44, 46, 47, 51, 53, 54, 56, 57
Kunigunde 27, 31, 35, 47

Ludwig I. 31, 40, 45

Marchini, Giovanni Francesco 46, 58
Max I. Joseph 47
Meister des Georgenchors 30, 31, 33
Metzner, Johann Kaspar 40, 45
Mutschele, Bonaventura Joseph 44, 50
Mutschele, Johann Georg 50
Mutschele, Martin 50, 54

Neumann, Balthasar 25, 28, 35, 36, 40, 53, 55, 57, 60
Nußbaum, Hans 27, 34, 42, 43

Hl. **O**tto 20, 23, 27, 35, 39, 40, 47, 50, 55

Petrini, Antonio 43, 53
Pleydenwurff, Hans 27

Reuß, Georg Adam 40
Riemenschneider, Tilman 27, 31
Riese, Adam 54
Rottmayr, Johann Michael 58

Scheffel, Joseph Viktor v. 54, 57
Schelling, F. W. J. 28
Scheubel, Joh. Joseph d. Ä. 40, 50
Schönborn, Lothar Franz v. 25, 28, 37, 42, 58
Schönborn, Friedrich Carl v. 25, 28, 51, 55
Schönlein, Joh. Lukas v. 47
Steidl, Melchior 38, 57
Stoß, Veit 27, 34

Tietz, Ferdinand 36, 53

Vischer, Caspar 36
Vischer, Peter 33
Vogel, Johann Jakob 38, 40, 42, 57

Wallenstein 25, 46
Welsch, Maximilian v. 25, 58, 59
Wolff, Jakob d. Ä. 37
Wolfskehlmeister 34

Baedekers

Ihr Stadtführer

Programm

Augsburg	001
Bamberg	002
Basel	090
Berlin (kleine Ausgabe)	004
Berlin (große Ausgabe)	101
Bonn	066
Bremen/Bremerhaven	060
Darmstadt	083
Freiburg	010
Hannover	058
Heidelberg	013
Konstanz	062
Leipzig	025
Lübeck	019
Mainz	074
Mannheim	021
Nürnberg	024
Regensburg	026
Trier	030
Wiesbaden/Rheingau	076